1931

債務、危機與希特勒的崛起

1931: Debt, Crisis, and the Rise of Hitler

托比亞斯·史卓曼◎著
(Tobias Straumann)

石一久◎譯

前言

這本書要談論的主題是發生於當代最重要的事件之一——一九三一年德國經歷的財政危機。一九三一年夏天，德國銀行體系分崩離析，政府宣布停止償還部分外債，德國貨幣的可自由兌換性也在一夕之間被勒令中止。這一連串令人震驚的舉措引起了全球資產流動性危機，導致當時以黃金價格為標準的國際金融體系崩盤，美國因而面臨了嚴重的銀行危機，一舉加重了全球經濟負擔，使經濟衰退期迅速惡化為蕭條期。德國在一九三一年面臨的財政危機在政治上也釀成了極具破壞力的後果，不僅削弱了民主政黨打下的基礎，更助長了希特勒的勢力及崛起。

本書的撰寫構想是發現到，一般大眾對於一九三一年發生的德國財政危機，及其對於希特勒意外勝選所發揮的關鍵作用，知之甚少。然而，驅使我振筆疾書的動機，是來自於我看到二〇一〇年希臘爆發歐元危機引起社會公眾的激烈爭論，及此議題進一步擴展到了其他南歐國家和愛爾蘭，所令我產生的焦慮不安。因為在一九三〇年代，便是由涉及主權債務（sovereign debt）、私人債務、銀行倒閉，以及瑕疵金融體系等一系列在劫難逃的事件，引發了一場財政危機，才動搖了當時西歐國家的政治根基。而在我看來，那場震撼所帶來的影響仍持續至今。

不過，一九三一年德國財政危機與今日議題的相關性，並不僅止於上述這幾個明顯的相似點。引爆德國危機的根本原因是，德國政黨無力按照其國內的政治現況來解決國際協議的要求。第一次世界大戰的戰勝國意圖制定一套足以懲罰德國、又不至於將之徹底擊垮的賠償方案，為了達此目的，有許多立意良善的外交官及政治人物曾多次嘗試為德國訂定更寬容的賠款計畫，最終於一九三〇年訂定了《楊格計畫》（Young Plan）。但是，《楊格計畫》的議定者並沒有充分考慮到德國當時的經濟及政治局勢正在快速走下坡。始於一九二九年的經濟衰退期迫使時任德國總理的海因里希．布呂寧（Heinrich Brüning）一再調降薪資、削減開支，並提高稅金，以償還戰敗賠款及其他外債，結果加劇了經濟衰退的情況，等於變相幫了希特勒一把。

希特勒極力主張，是外國勢力造成德國經濟面臨如此難關。而由於威瑪（Weimar）政客幾乎全數都對戰敗賠償方案抱有不滿，因此面對希特勒的論調，只是在表面上予以反駁。想當然耳，希特勒並沒有受到多麼嚴重的批評，更不用說，還有其他因素在為他的成功推波助瀾。例如，希特勒的個人魅力與政治長才、社會上普遍瀰漫的反猶太風氣、他反對布爾什維主義（Bolshevism）的立場、他堅定捍衛民族主義的形象，以及以救世主自居、誓言要團結德國人民的風範等等。儘管如此，在分析希特勒的演說聲明與競選活動時，他持續不斷地對戰敗賠償方案提出嚴厲譴責所取得的成功，還是令人深感意外。外債、財政緊縮與希特勒的崛起之間，有著密不可分的關聯。

在建構本書所欲提出的論點時，我從自己與朋友及同事的許多對話過程中汲取了不少靈感。我最重要的夥伴是馬庫斯·迪姆·梅爾（Markus Diem Meier）、馬庫斯·索姆（Markus Somm）和奧利佛·齊默（Oliver Zimmer）。他們督促我以更加銳利的角度來呈現本書的論證，也要求我多加解釋過去所曾發生過的一次財政危機對當今社會所具有的意義。除此之外，奧利佛是我所認識、對社會變遷及其政治影響最具敏銳觀察力的人士之一，他也是第一個鼓勵我去跨越一九三一年財政危機的經濟層面，深入探討其他面向的人。他一路以來的支持是鞭策我完成這項計畫的莫大助力。我與多位同對一九三一年的危機抱持深厚研究興趣的經濟史學家之間的交流，也令我受益匪淺，他們分別是：奧利維爾．阿科米諾蒂（Olivier Accominotti）、亞歷山大．阿波斯托利德斯（Alexander Apostolides）、約翰內斯．巴爾（Johannes Bähr）、西蒙．班霍爾澤（Simon Banholzer）、文森．比格農（Vincent Bignon）、奧伊溫德．艾特海姆（Øyvind Eitrheim）、馬克．弗蘭德羅（Marc Flandreau）、胡安．弗洛雷斯（Juan Flores）、盧卡．弗羅利徹（Luca Froelicher）、佩爾．漢森（Per Hansen）、克萊門斯．喬布斯特（Clemens Jobst）、拉斯．喬農（Lars Jonung）、德魯．基林（Drew Keeling）、揚．托爾．克洛夫蘭（Jan Tore Klovland）、彼得．庫格勒（Peter Kugler）、馬蒂亞斯．莫里斯（Matthias Morys）、拉斯．奧格倫（Lars Ögren）、拉斯．弗雷德里克．奧克森達爾（Lars Fredrik Øksendal）、瑪麗．奧沙利文（Mary O'Sullivan）、詹盧卡．帕爾迪尼（Gianluca Pardini）、亞歷山大．拉斯克（Alexander Rathke）、阿爾弗雷德．雷肯德里斯（Alfred Reckendrees）、薩馬德．薩費拉茲（Samad Sarferaz）、馬克．斯波勒（Mark Spoerer）、史特凡諾．烏戈里尼（Stefano Ugolini）、史考特．

厄本（Scott Urban）、漢斯-約阿希姆・沃特（Hans-Joachim Voth）、弗洛里安・韋伯（Florian Weber）、烏爾里希・沃伊泰克（Ulrich Woitek），以及尼古拉斯・沃爾夫（Nikolaus Wolf）。另外，我要特別感謝哈羅德・詹姆斯（Harold James）和阿爾布雷希特・里奇爾（Albrecht Ritschl），獲得他們兩人的認可是本書定稿的重要關鍵。最後，我很感激伊恩・羅傑（Ian Rodger）的協助，讓通曉英語的讀者也能閱讀這本書，並幫助我釐清想法，我也很感謝牛津大學出版社的盧西亞娜・奧弗拉赫蒂（Luciana O'Flaherty）及其團隊出色的經營管理與支持。

目錄

第III部：絕望

地圖清單

圖示清單

附圖清單

表格清單

縮寫

ADAP	德國外交政策相關文件（Akten zur deutschen auswärtigen Politik）
AdR	帝國總理府文件（Akten der Reichskanzlei）
DBFP	英國外交政策相關文件
DDP	德國民主黨（Deutsche Demokratische Partei）
DNVP	德國國家人民黨（Deutschnationale Volkspartei）
DVP	德國人民黨（Deutsche Volkspartei）
FRUS	美國對外關係相關文件
KPD	德國共產黨（Kommunistische Partei Deutschlands）
NSDAP	國家社會主義德意志勞工黨（Nationalsozialistische Deutsche Arbeiterpartei）（又名為納粹）
NYT	《紐約時報》（*New York Times*）
OHL	最高陸軍指揮部（Oberste Heeresleitung）
SA	衝鋒隊（Sturmabteilung）
SPD	德國社會民主黨（Sozialdemokratische Partei Deutschlands）
VZ	《福斯日報》（*Vossische Zeitung*）

簡介

一九三一年七月十四日，國家社會主義德意志勞工黨（NSDAP，簡稱國社黨，亦通稱為納粹黨）柏林分部領導人暨宣傳部部長約瑟夫·戈培爾（Joseph Goebbels）的心情十分雀躍。他在日記中如此寫道：「政治史上最瘋狂的事情發生了，執政黨的信譽已經枯竭。布呂寧總理面臨了嚴重的問題。德意志帝國正瀕臨破產邊緣。屬於我們的時刻伴隨著一股詭譎的確定性一步步地靠近，我們必定要牢牢抓住這個機會。等布呂寧下台之後，就換我們當家作主了[1]。」

不幸的是，戈培爾說的沒錯。德國的財政危機以令人驚愕的速度加快了威瑪共和國（Weimar Republic）的瓦解。短短十八個月後，一九三三年一月，希特勒便受興登堡總統（President Hindenburg）之命，成為了總理。就納粹黨人在布呂寧失勢之後將會即刻接管政府一事，戈培爾的預測或許有些失準，因為在希特勒掌權之前，還有法蘭茲·馮·巴本（Franz von Papen）和庫爾特·馮·施萊謝爾（Kurt von Schleicher）這兩號人物曾短暫出任總理職務。不過，戈培爾的直覺基本上並沒有錯。在經濟極度萎靡的時期，一個選擇關閉銀行業務、啟用資本管制措施，並宣布不履行部分債務的政府，很難有機會生存。布呂寧雖然有辦法在一九三二年五月之前保有權力，但是在一九三一年七月之後，他的地位便岌岌可危。

德國於一九三一年經歷的財政危機，不僅為納粹分子的興起塑造了大好機會，也引發了全球資產流動性危機，使得全世界的銀行及金融市場呈現一片混亂。惶恐的投資人迫使英鎊退出金本位制（gold standard），連帶影響遙遠的地區，例如印度和日本經歷了一波貨幣貶值，並迫使美元走上被拋售的命運，造成美國的銀行危機。有如骨牌效應一般，全球經濟體的中流砥柱一個接著一個地倒下。所以，真正驅使全世界迎向經濟大蕭條時代的不是一九二九年的華爾街股市崩盤，而是一九三一年的德國危機。而這樣的局勢，又更進一步削弱了德國整體的經濟，以及柏林政府的威望。

自那之後的每個世代，都研究過這段在政治上和經濟上雙雙陷入極端混亂的非常時期[2]。現在，既然我們已經順利度過另一次重大的財政危機，當今世界也充斥著政治極化的現象，站在當下這個時間點來回顧一九三一年所發生的事件，似乎格外適當。從事件發生之始直到現在，一直在等待著我們回答的核心問題始終沒變，那就是「為什麼政策制定者無法預防這類災難的發生呢？」

有一種常見的假設是，他們沒有料想到會有災難發生，而這種說法確實有幾分正確。無黨派經濟學家早期提出的警告，被許多欠缺基礎經濟知識、只知道自顧自說教的政客們給晾在一旁。然而，在納粹黨於一九三〇年九月的帝國議會（Reichstag）選舉中風光獲勝、從而引發貨幣危機之後，便有許多政客清楚意識到，德國已經處於財政潰堤的邊緣。若是從那時開始，他們仍有大把時間可以預防災難發生。因此，慣性思維只能夠解釋部分的事發原因。

但是倘若政策制定者已經曉得有哪些事情迫在眉睫，為什麼還要拖那麼久才有所行動？難道是因為他們沒有勇氣做出艱難的決定嗎？與上述假設相同，這個觀點也獲得了部分證據的支持，因為毫無疑問，當時負責當家的政治人物並非出類拔萃的政治奇才。可是，研讀那個時代西方政治領袖的傳記，並不會讓人覺得他們是特別懦弱或無能的一群人。美國總統赫伯特．胡佛（Herbert Hoover）是一位饒富見地、經驗老到的管理者，對歐洲問題有深入的了解；英國首相拉姆齊．麥當勞（Ramsay MacDonald）十分推崇國際合作的精神，渴望建立友誼的橋樑、緩解緊張的局勢；法國的外交政策則是由阿里斯蒂德．白里安（Aristide Briand）作主，他是法國建國以來最能幹的外交官之一；至於德國總理海因里希．布呂寧，則被認為是一位明斷的政治人物，以及當時財政政策方面的頂尖專家之一。當然，以上這些人全都犯下了大錯，布呂寧更是難辭其咎，不過我們也很難斷言，若是換上另一組政治人馬，便能輕易拆除這顆已經在倒數計時的炸彈引信。

另一種假設則強調政治人物所依循的組織架構，這似乎是最符合現況的一種解釋。在一九三〇年代初期，德國政府被沉重的外債負擔壓得喘不過氣，情況幾乎沒有轉圜的餘地。它不只必須支付第一次世界大戰的戰敗賠款，也因為一九二〇年代晚期的經濟繁榮期捲起了一陣借款熱潮，而積欠國外銀行大筆債務。在世界經濟危機爆發之時，德國政府別無選擇，只能實施財政緊縮政策，卻進一步加速經濟衰退，不得不一再地削減開支和增收稅金。再者，德國的銀行體系受限於金本位制，難以擁有充足的資產流動性。德國央行在所有流通的貨幣中，必須保留至少百分之四十的黃金及外匯存底。在如此惡劣的情勢下，激進派政黨要贏得選舉、財政及金融體系要垮臺，只不過是時間的問題[3]。

顯然，私人及公眾債權人可以且也應該減少德國當時所須償付的債務款項，社會上也有一些無可忽視的聲量提出了這樣的要求。不過，基於可理解的緣由，法國、英國及美國的政客們在經過一番躊躇之後，還是選擇了漸進式的外交手段。人們對第一次世界大戰的記憶猶新，各國政府彼此間缺乏信任，且主要國家的國內輿論對於大規模的讓步和取消債務持懷疑態度。再說，這場危機擴大的速度太過迅速，使得政治及外交層面無法如常運作。到最後，美國總統胡佛雖然在最後一刻啟動了一項制止德國貨幣擠兌的倡議，還是來不及阻止一九三一年財政危機的發生。

因此，德國危機帶給我們的啟示並不是要說政治人物有時沒有膽量勇敢行動。因為可預期到絕大多數的人都會傾向小心行事、不冒風險。這場危機能為人類帶來的永恆教訓反而是，正確簽署國際協議的重要性。在一九二〇年代，協約國未能因應德國的經濟及政治現況，制定出其所能負擔的賠償方案。雖然說，當時確實有多名外交官及政治人物曾因應不斷變動的事態，致力於調整賠款方案，召開了近三十場特別會議，並於一九二四年同意訂立《道威斯計畫》（Dawes Plan），而後又於一九三〇年協議制定了《楊格計畫》。不過，一項針對一九二〇年代一連串會議紀錄所進行的研究卻顯示，與會人士並沒有意識到當時的情勢急須採取更切合實際的新手段。一位當代觀察家巧妙地為一九一九年至一九三一年間上演的悲劇下了定論：「政治上可行的解決辦法、與經濟上有望實行的解套措施並不相容，這段掙扎就像是一場發生在山坡上的冗長拉鋸戰，一方面，政治力量不斷努力要拉著他們朝山頂前進，偶爾還真能成功地走上一小段上坡路，但與此同時，普遍存在的經濟因素又拖著他們的腳步，穩穩地往下坡路走去[4]。」

本書後續的內容將著重於記述從一九三〇年一月議定《楊格計畫》之後，到一九三一年七月爆發財政危機之間，最具戲劇性的一段時期。我們將透過本書第 I 部來了解到，大多數的銀行家、外交官和政客為什麼沒有辦法快速辨識出事情的嚴重性。在第II部中，我描寫了使他們認清事態緊急的轉捩點，以及他們是如何在有諸多限制的前提下嘗試去處理危機。第 III 部則敘述了終將到來的失敗、未能免除的災難，以及這場財政危機的迅速惡化。這段故事有如《聖經》中所描述的曠世巨災，向我們演示了原先看似可掌控的情況，是如何在瞬間便失去控制。

PART I

CONFIDENCE

自信

第一章　孤掌難鳴的渡鴉

一九三〇年一月，維也納經濟學家菲利克斯·索馬利（Felix Somary）前往海德堡大學，就全球經濟前景這一主題發表演說。當時，索馬利是最受世人敬重的分析專家之一。每當有危機逼近，政府各部門的首長、央行主管，以及企業領袖——從奧地利的羅斯柴爾德（Rothschild）家族、德意志帝國銀行（Reichsbank）總裁哈爾馬·沙赫特（Hjalmar Schacht），到隸屬德國社會民主黨（Social Democratic Party）的財政部長魯道夫·希法亭（Rudolf Hilferding）——都會徵求索馬利的意見。索馬利自稱是一名「政治氣象學家」，他主要是靠著擔任一家位於蘇黎世的小型私人銀行Blankart & Cie.的合夥人來維持生計。財富自由使他敢於對當前世界的概況直言不諱[1]。

索馬利在海德堡的友人想要知道，近期爆發的華爾街股市崩盤事件，是否意味著歐洲地區即將迎來嚴重的經濟衰退。索馬利曾親自在紐約目睹黑色星期四（Black Thursday，一九二九年十月二十四日）的慘況，當日的股市市值在一天之內大跌超過十個百分點。投資人信心崩潰的情況令他感到擔憂，於是他立刻發越洋電報給他在蘇黎世的合夥人：「別讓客戶進場交易，危機才正要開始。」更令他感到震驚的，是歐洲在一個月之後的情況。短短數週之內，奧地利第二大銀行波登信貸公司（Bodencreditanstalt）便喪失清償能力，而比利時第二大銀行布魯塞爾銀行（Banque de Bruxelles）也因為股市崩盤，導致其所持有資產的帳面價值大幅降低[2]。

索馬利向海德堡的聽眾們傳達了非常迫切的訊息：「我相信，維也納及布魯塞爾在十一月時所面臨的慘況，只不過是百年以來最嚴重的危機開端而已。這還只是開端，一切才剛揭開序幕，這場危機不會只持續幾週或幾個月，而是會影響我們好幾年的時間。波登信貸公司的垮臺與布魯塞爾銀行的重建不過有如夏季無聲的閃電，我們將會見證更大規模的倒閉潮。」

為什麼索馬利會這麼悲觀呢？在他看來，這兩家銀行所遭遇到的困難並非獨立事件，而是國際根本性失衡的徵兆，這些失衡將以混亂的方式爆發。第一次世界大戰後，協約國列強決定保留彼此對戰時債務的索賠權，並決心以高額的賠償金來懲治德國。

按索馬利的說法，這分協議便是導致日後釀下災禍的主因。「是什麼驅使我們步入危機的呢？是無法償還的鉅額債務。歐洲各國應該要向美國償還戰時債務，但是因為沒有人知道這筆資金調動要怎麼長期運作，所有的金額便以賠償債務為由，轉嫁給了德國。」

這一大堆的債務之所以還沒有壓垮德國政府，是因為有短期的私人資本流動在維持穩定。但是根據索馬利的看法，增加這些額外的貸款只是會讓事情變得更糟。「無法償還債務的事實被短期借貸所掩蓋，而這些借貸的撥款額度從財務上的角度來看是站不住腳的。為了取得貸款，債務國被迫簽署高額利息同意書，同意其農業及工業領域必須支付遠高於其所得的超額利息。這整個體系的崩解，必然會發生在這整個環節之中最薄弱之處。」就連放款銀行也承受不住這場風暴的襲擊。「商業銀行（commercial banks）及專營抵押貸款的銀行（mortgage banks）是將其事業基礎建立在債務人的還款能力之上，同樣的道理，債權國的銀行也是將其事業基礎建立在債務國銀行的還款能力之上。」而無論是就哪一種情況來說，償付能力都是虛構的想像，整個國際金融結構就像是個搖搖欲墜的紙牌屋。

想要防止全面性的崩潰，所剩時間已不多，索馬利提出了警告：「把國家經濟體和國際經濟體拴在一起的這條鎖鏈即將崩裂的危險，比任何人所想像得都還要逼近。也許，隨著這場危機捲起的漩渦，賠款方案與國際政治債務最終都將不復存在，但是很有可能，就連國際私人債務也將遭受到前所未見的衝擊。」一旦局勢開始迅速惡化，德國的處境將會變得特別危險。「隨著危機越演越烈，德國會越來越難以為其短期債務籌措資金，撤回境外資金的風險將會越來越高，最終便將造成國際破產。」

索馬利斷定，如今只有一項策略可以讓整個體制重新取得平衡，那就是促成德法兩國的密切合作。「若是無法實行這項策略，我們將會見識到各國祭出完整的外匯管制機制、進出口禁令，最終迎來的也許不會再是通貨膨脹，而是另外一種會使得我們經濟結構變得更加支離破碎的結果，亦即銀行與公共財政的瓦解[3]。」

一如我們所知，這項策略並沒有付諸實現，而事實也證明了索馬利（附圖1）的看法完全正確。華爾街股市崩盤、奧地利和比利時的銀行問題，並非只是暫時性的騷動，而是現代最為嚴重的經濟危機的開端。從一九二九年到一九三二年，全球工業生產

附圖1.　菲利克斯．索馬利，照片攝於一九三〇年代晚期。

量降低了百分之三十六，直到一九三七年仍未回升至一九二九年的水準。失業率上升至二位數，原物料及加工品的價格分別下降了百分之五十六和三十六。全球貿易量實際減少了三分之二。另一方面，索馬利也正確指出了德國是在這整個環節中最弱勢的一方，德國的財政崩塌將會加速全球經濟的劇烈衰退。在一九二九年到一九三二年間，德國的工業生產量減少了將近百分之五十。失業率攀升至高於百分之二十，工業部門的失業率更是衝破了百分之三十。實質GDP的降幅大約為百分之二十五，人均實質GDP則下降了百分之十七。此外，正如索馬利所預測的，隨著危機逐漸擴大，賠償方案及戰時債務最終都被予以縮減或撤銷，德國積欠外國銀行的債務也一併遭到凍結。全球經濟體被分散成了數種貨幣陣營及貿易集團，為全球化的時代畫下了句點[4]。

索馬利為什麼能夠如此準確地預料到經濟體系將會崩塌呢？其身家背景是箇中原因之一。他曾就讀維也納大學，並曾擔任當代頂尖經濟學家卡爾·門格爾（Carl Menger）的助理。後來成為訓練有素的經濟學家，在銀行家及政治顧問方面，擁有相當豐富的實務經驗。一九〇五年，二十四歲的索馬利進入英奧銀行（Anglo-Austrian Bank）就業，這間位於維也納的銀行是由來自倫敦市的一群顯赫銀行家所成立，其中一位即為厄尼斯特·卡塞爾爵士（Sir Ernest Cassel）。索馬利在英奧銀行擔任常務董事的助理，因此每一筆重要的交易，他幾乎都有參與。當時在英奧銀行（Anglobank），主要的營業項目為東歐及巴爾幹半島的企業融資，為此，索馬利必須對該歐洲區域尤為動盪的政治及社會條件具備深厚的知識。一九〇九年，索馬利以獨立講師、銀行家及德國政府顧問的身分前往柏林工作，使他對於歐洲政治及外交的內部運作有了更深入的了解。第一次世界大戰期間，索馬利和知名社會學家馬克斯・韋伯合擬了一分報告給德意志皇帝威廉二世（Emperor Wilhelm II），表態反對將戰事升級至擴大潛艇戰[5]。而在第一次世界大戰結束之後，索馬利挽救了奧地利羅斯柴爾德家族的鉅額家產，將之轉移到位於蘇黎世的小型私人銀行Blankart & Cie.。不久之後，索馬利便成為了這家銀行的合夥人。

索馬利之所以能夠做出精準預測的另一個原因是，他對於迫在眉睫的大災難擁有很強的第六感。索馬利的友人——瑞士外交官卡爾・雅各布・布爾克哈特（Carl Jacob Burckhardt）在寫給奧地利作家胡戈・馮・霍夫曼斯塔爾（Hugo von Hofmannsthal）的信中說道：「有個古怪的傢伙你也認識，就是索馬利……他是能夠預見危機的人；他在政治方面也很有遠見。我從他那裡聽到的預言全都成真了，有些預言更是以十足令人驚奇的方式實現的。」索馬利曾經對自己的兒子說過：「我可以從我的骨子裡感知到未來，而不是單憑知識去推敲。未來不是浮現在我的腦海，而是在骨髓[6]。」

索馬利如此神通廣大，然而他其實並不知道所謂的「內幕」。他所做的就只是收集各方資訊，再把一個個的點逐一連接成線而已。在一九三〇年代初期，國際之間的情勢明顯已劇烈失衡。美國是世界上最大的債權國，而德國是最大的債務國（圖示1.1）。比利時、法國、英國及義大利的外債結餘雖然是幾乎打平，但是這些國家的帳目仍須取決於德國向其支付賠款的意願與能力。一如《經濟學人》雜誌所做的評論，協約國列強與德國之間形成了一道枷鎖，被「政府間債務的龐大結構」給束縛在一起[7]。

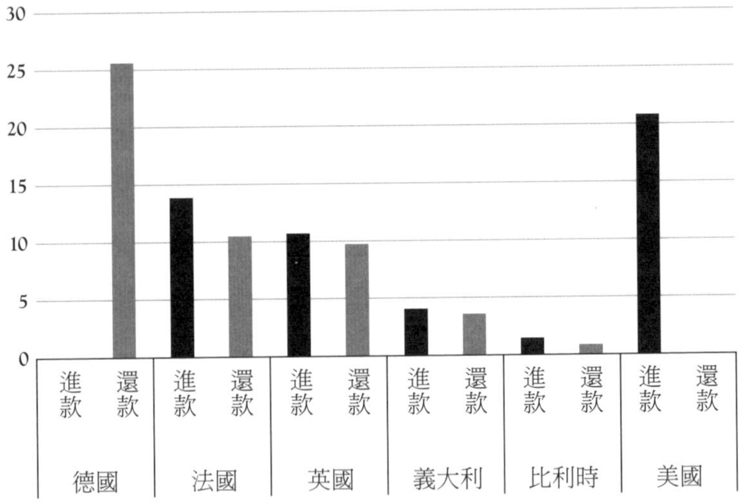

圖示1.1　截至一九三一年七月一日，各國政府間尚未償還的債務概況（以十億美元為單位）

另一個眾所周知的事實是，為了替經濟擴張現象提供資金、並支付鉅額賠款，上至德意志帝國、德國州政府，下至德國自治市、銀行及公司集團，全都借進了大筆的私人資金，尤其是向華爾街借貸。截至一九二九年年底，德國積欠外國銀行的金額總計達到三百一十億國家馬克，大約相當於德國GDP的三分之一。如果再加上賠償方案的債務款項，德意志帝國驚人的外債總額便將高達德國GDP的百分之八十六。而且在這些國外貸款當中，有很高的比例是屬於短期借貸，代表這些貸款必須在幾個星期或幾個月內還清。到了一九二〇年代晚期，德國的銀行、公司集團及政府當局，已經變得非常難以抗衡投資人反覆無常的意見對其造成的影響[8]。

那麼，為什麼德國人要在賠款債務之外，再增加額外的外債負擔呢？德國對於國外資金的需求有一部分是來自於，繼一九二三年發生的惡性通貨膨脹之後，德國國內銀行的存款不足，公司集團也面臨資本不足的窘境。另一個原因則是，德國政府無法議定預算盈餘，以取得經常帳盈餘。為了熬過戰後的動盪歲月，國力衰弱的威瑪共和國須要贏得人眾的支持才能存活，而要維護這一點，唯有透過提升公共服務，以及支付正常薪資才有可能辦到。向外國借錢使德國當局得以避免會引發民怨的增稅措施、確保勞工獲得合理薪資，並能拖延進行戰後重建所須花費的實質費用。有一位歷史學家說過：「威瑪是『遭到抵押的民主政體』。」各地首長，例如科隆市長康拉德．阿登納（Konrad Adenauer），便經常推動大型基礎建設計畫——興建地鐵、橋樑、公園、游泳池、音樂廳，以及足球體育館，來提高選民忠誠度[9]。

促使德國對外借貸的另一個原因是，有些德國外交部官員認為，積欠美國銀行的商業債務將能換來對德國有利的條件。這些官員主張，在國家背有鉅額欠款的情況下，一旦德意志帝國威脅要拖欠對私人投資人的債務，賠償方案便會比較有可能遭到撤銷。外交部長古斯塔夫．施特雷澤曼（Gustav Stresemann）在一九二五年舉行的一場演講中解釋道：「我們就是必須要欠下足夠多的債，必須要累積非常多的債務，好讓債權人明白，要是債務人承受不住，債權人自身的存亡也會遭到波及……這樣的做法有助於建立政治理解和未來的政治支持。」一位德國外交部高官在一九二七年的一分協議備忘錄中寫下：「我國累積的私人債務越多，賠償金額就會越低[10]。」

最後一個原因是，有很多美國銀行以及部分的英國、荷蘭和瑞士銀行，都很喜歡做這門生意。比起國內市場，它們投資德國所能獲得的利潤較高，而且銀行界普遍認為，這是一項安全的投資[11]。德國在當時依然是歐洲最強大的經濟體，必定會在適當的時機點從戰爭的殘害中恢復過來。無可否認，德國在戰後所背負的負擔相當沉重。德國有兩百萬名士兵戰死沙場，這個數字比任何一個交戰國所蒙受的損失都還要高。德國士兵有超過四百萬人受傷，其中有很多人傷勢嚴重，餘生將以殘廢狀態度日。另外，還有將近一百萬名德國公民喪生。除此之外，《凡爾賽條約》強迫德國將阿爾薩斯－洛林地區割讓給法國，並將其國土東邊的部分區域割讓給剛剛建國的波蘭。不僅如此，這項條約也剝奪了德國的國外領地，沒收了德國擁有的外國資產，並且規定薩爾（Saar）河谷及其煤礦開採事業必須交由法國管轄十五年（地圖1）。然而，德國在經濟上並沒有癱瘓。德國的工業基地並未受到嚴重的破壞，因為戰事沒有蔓延到德國領土。德國製造商在煤炭、鐵和鋼的生產，以及電機工程、化學工業、汽車製造等方面，仍然持續保有領先地位[12]。

一九二四年，德國開始走上復甦之路，以黃金價格為基準的

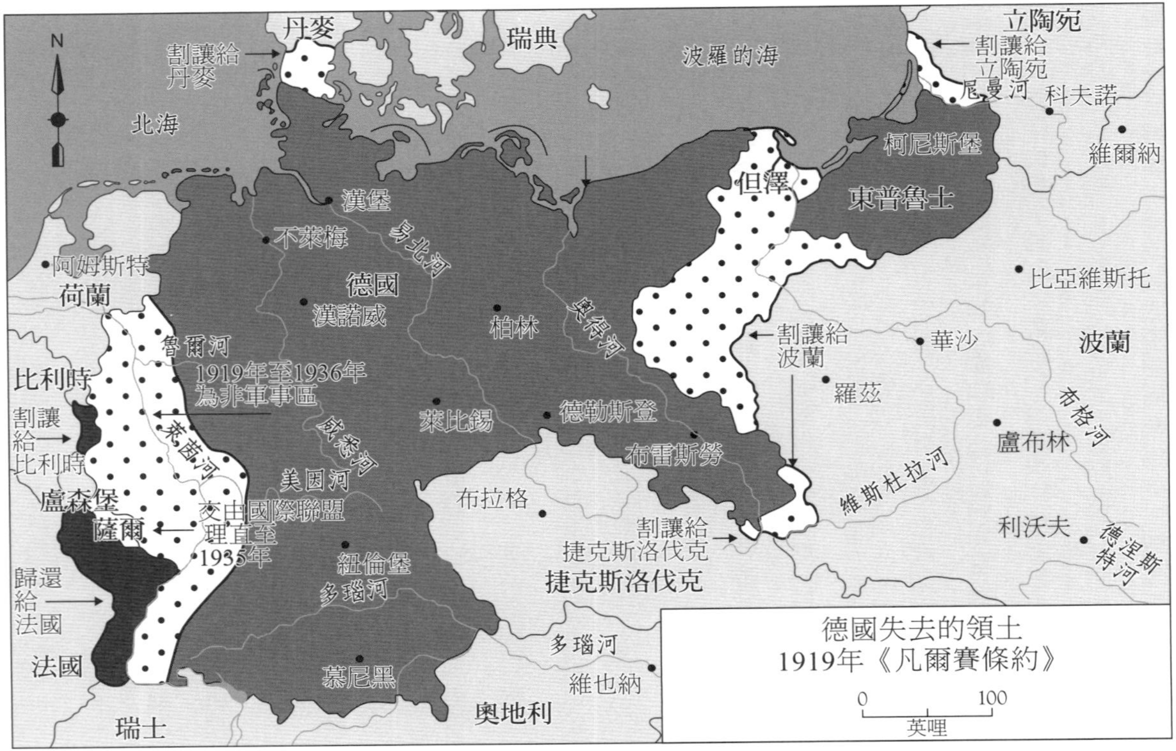

地圖1　簽訂《凡爾賽條約》之後的德國

德國貨幣回穩，大幅降低了外國放貸者的匯率風險——至少是在可預見的未來裡。在華爾街，則有些顯要人士對這一波借貸熱潮提出批評。一九二九年八月，小約翰·皮爾龐特·摩根（John Pierpont Morgan Jr）在給一位生意夥伴的信中寫道：「從我對德國人的觀察來看，我認為他們是二流之輩，他們寧可借他人之力來解決自身的債務問題，也不願意自己努力。」但是對於絕大多數投資人來說，比起賠錢的憂慮，投資德國市場的誘惑顯得更為強烈。此外，協約國政府面對這波借貸熱潮也樂見其成，將之視為有助於穩定脆弱的威瑪共和國的一招[13]。

即使是在美國聯準會於一九二八年初，為了替股市熱潮降溫，而開始調升官方利率之後，各界仍舊持續放款給德國。來自美國的長期資本注入雖然在一九二八年的秋天戛然而止，但還是有來自其他國家的金流填補了這個空缺。事實上，就德國的資本輸入總額來說，一九二八年是創下紀錄的一年。甚至到了一九二九年，當美國聯準會再次調升官方利率，這股趨勢仍不見消停。短期資金不斷湧進德國（圖示1.2）。雖說這種情況想必無法維持太久，但是話說回來，以為德國因為美國祭出的高利率政策而被截斷國外金援的想法，是很常見的錯誤觀念。一九三〇年

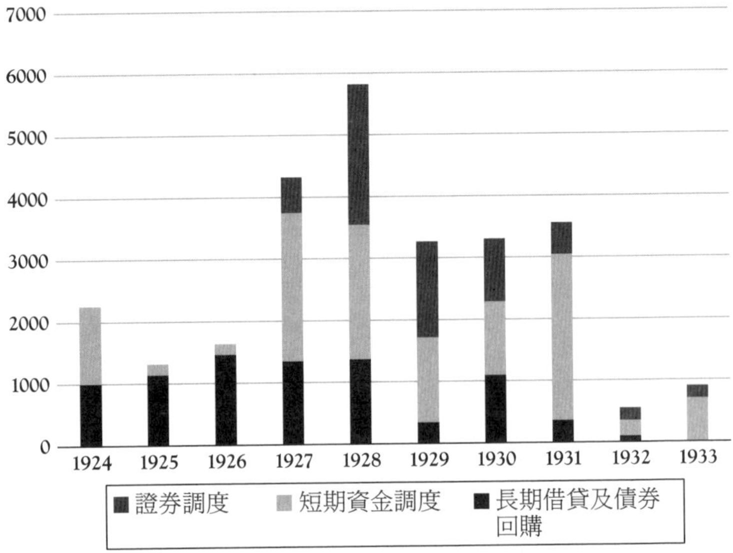

圖示1.2　德國資本流動總額的主要組成要素（以十億美元為單位）

初，索馬利站上海德堡的演講台時，那時的德國便還在接收來自外國的短期資金[14]。

索馬利並不是唯一一個針對接踵而至的債務問題表達反對意見的當代人物（附圖2）。英國財政部高官弗雷德列克．李滋羅斯爵士（Sir Frederick Leith-Ross）早在一九二七年便提出類似的警告：「我記得我在一九二七年的時候，曾經告訴倫敦商業區一群卓越的銀行家，德國銀行的資產流動性太低、應該限制對其出借

A REPARATIONS SORRY-GO-ROUND.

附圖2.　戴維．洛（David Low）所繪製的諷刺畫〈賠償方案衍生的惡性循環〉，刊登於《倫敦標準晚報》（*Evening Standard*。一九二九年四月二十九日：「財政專家說：你得付清賠款才行／德國政府說：你得輸出更多產品才行／德國工業說：你得做得更多、賺得更少才行／德國工人說：我得搶走你的工作才行／英國工人說：你得給我一分工作才行／英國工業說：你得免除我的稅務才行」。

的金額，但是我的觀點被當成是過度的危言聳聽。」在柏林出任德國賠償方案總代表、年輕有為的美國人帕克．吉爾伯特（Parker Gilbert）也曾一再向債權國政府發出警告，並在一九二八年二月寫給賠償方案委員會的信中提到：「按照目前的情況來看，德國欠缺刺激其縮減開支的正常動機。相反地……其近年來的趨勢是朝著公共開銷及公共借貸的方向在發展，國內外皆是如此[15]。」

德意志帝國銀行總裁哈爾馬·沙赫特面對從美國流向德國的短期資金調度，始終持反對態度。他曾在一九二六年十月向一個調查委員會表示：「我們現在實際上正在面臨著什麼樣的處境？外國的私人銀行和銀行家送給我們大把大把的金子。他們送給德國的黃金永遠不嫌多。但後果是，按照賠償方案總代表做事的方法，那些外國政府會把這些黃金帶回他們的國家。他們會從我們的手上拿走金子，至於那些私人投資人——那些資金貢獻者——的境遇會是如何、他們最後是否能夠拿回利息及本金，只有上帝才知道答案[16]。」

既然索馬利精確的預測是立基於他與其他出色的分析師對於經濟概況所一致具備的明智洞察力，這便產生了一個問題：為什麼政策制定者沒有辦法在德國拖垮全球經濟之前，先行穩定德國的情勢呢？從索馬利在海德堡發表演說，到一九三一年七月德國危機升溫之前，有十八個月的時間。這段時間應該已經足以達成一項國際協議，尤其是在德法兩國之間。

答案之一是聽眾對索馬利在海德堡演說內容的疑心。他們並沒有接受令索馬利產生悲觀看法的假設性前提。《法蘭克福報》

（*Frankfurter Zeitung*）的經濟學總編輯回應道：「對於我們身陷危機的說法，我深表懷疑。」幾天之後，索馬利在柏林氣派的凱瑟霍夫飯店（Hotel Kaiserhof）對一群頗具聲望的人士發表他的看法時，也得到了相同的反應。西門子公司的財務長馬克斯・哈勒（Max Haller）與傑出的經濟學教授維爾納・桑巴特（Werner Sombart）都不願買帳：「我們不該高估紐約股票交易對當前危機所造成的影響。」這位西門子高官補充說道：「一名投資人的損失，對另一名投資人來說，形同獲利。股市上市情形與實際經濟情況無關。」此外，也有數名德國實業家相信，紐約的股票交易危機很快就會因為工業重組和公共政策迎刃而解。索馬利態度堅決：「我很遺憾在各方面與各位抱持完全相反的觀點。」儘管如此，他的意見還是沒有被採納[17]。

索馬利在柏林與海德堡接觸到的群眾，並非當時唯一看不出有山雨欲來的人。一九二九年十月二十九日，就在華爾街股市崩盤之後的幾天，法國的《費加羅報》（*Le Figaro*）寫道：「我國市場因為紐約危機而有了起色。華爾街的膿瘡既已迸裂，北歐及中歐市場所持有的多餘股票也皆已脫手，我們可以開始構思一個更加光明璀璨的未來了。」一九三〇年二月初，時任法國駐柏林大使皮埃爾・德・馬士理（Pierre de Margerie）則是堅信，德國經濟基本上十分興旺。德・馬士理其父是哲學家，而他的妻子則是經典劇作《大鼻子情聖》的創作者——法國作家愛德蒙・羅斯丹（Edmond Rostand）的姊妹珍妮・羅斯丹（Jeanne Rostand）。可想而知，這位富有修養的法國大使對於藝術發展的興趣，肯定比研究國際經濟失衡還要來得更為濃烈[18]。

然而，即使是如約翰・梅納德・凱恩斯這位日後針對經濟大蕭條時期做出最精確分析的經濟學專家，在一九二九年年末仍低估了這場危機，他的個人財富也因此蒙受了相當大的損失。股市崩盤之後的某一天，凱恩斯在《紐約晚報》（*New York Evening Post*）中寫道：「我這樣講聽起來可能像是個差勁的預言家。不過我很確定，我的想法反映了英國金融界對於當前局勢的本能反應。除了幾支在本地及紐約交易頻繁的英美證券之外，華爾街的景氣低迷不會對倫敦造成任何嚴重的直接性影響。另一方面，我們認為長遠來看，未來的前景必定是很振奮人心的。」凱恩斯相信，股市榮景的結束將會促使利率大幅降低，因而為企業帶來助力。「廉價貨幣（cheap money）進來之後，必須經過幾個月的時間，才能看到由其促成的企業決策落實成為新的貿易及工業活動。不過要是廉價貨幣真的進得來，我確信它一定能發揮補救的功效[19]。」

索馬利對於凱恩斯低估危機迫近一事並不感到意外。一九二六年六月，在德國銀行家卡爾・梅爾基奧爾（Carl Melchior）於柏林所舉行的一場招待會上，這兩個人便曾交過手。當時，凱恩斯詢問他給了客戶什麼樣的建議，索馬利一如往常地給出悲觀的答覆：「我建議他們盡可能遠離即將來臨的危機，並且避免接觸交易市場。」凱恩斯對此表達了強烈的反對：「在我們這個時代，不會再有任何股市崩盤的事件發生。我認為現在是進場的大好時機，價格相當低。你所說的崩盤是從哪兒冒出來的？」索馬利回答：「我所說的崩盤，將會從現實與表象之間的縫隙冒出來。我從來沒有見過規模如此龐大的風暴。」凱恩斯還是不信邪，並執意繼續談論個別公司的股份[20]。

索馬利的分析及預測能力受到高度的讚賞，但是他的預言並沒有受到重視。他的聽眾很欣賞他所具備的獨立思考，卻又因為他的觀點有違普世接受的觀念而拿不定主意。索馬利經常因為這種情況而感到憂傷痛心：「當時，我完全遭到了孤立，我向政府及商業圈發出的急切警告全都陷我於不利……我並未期望、也不曾獲得任何經濟學家對我的看法表示支持。只有極少數的人看見有危機正在逼近；無論我望向何處，我得到的都盡是誤解與敵意[21]。」

一九二九年夏天，在柏林舉行的一場銀行家聚會上，美國國家城市銀行（National City Bank）總裁查爾斯・米契爾（Charles E. Mitchell）嘲笑索馬利是「蘇黎世的渡鴉」，說他預測了最壞的結果，卻又老是出錯，結果惹了一身腥[22]。當時的人們，正在群起譏笑著這隻孤掌難鳴的渡鴉。

第二章　外交壯舉

一九三〇年一月，正當索馬利在德國四處舉行巡迴演講之際，恬靜的荷蘭首都海牙突然熱鬧了起來，一派忙碌地迎接來自歐洲各地及日本的國家元首、各部會大臣與資深官員。這些政府高官來訪的目的，是為了替一九二九年八月所舉辦的第一次海牙大會（the First Hague Conference）的協商議程做個總結，並為戰爭結束後便懸而未決的所有議題訂立最終協定。當媒體詢問這場會議能否圓滿結束，絕大多數外交官都給出了自信的回應。當時的人們普遍認為，無論情況有多麼困難，國際衝突都還是應該、也必然能夠透過開會及磋商來加以解決。一九三〇年一月二十日傍晚，五百名來自近二十個國家的會議代表及專家，簽署了最終議定書及其多分附件。光是要將所有繫著橘色絲帶的一疊疊文件，從一個代表團傳遞給下一個代表團簽名，就花了將近一個鐘頭的時間。而在各代表團進行簽字儀式的期間，窗外還有一支銅管軍樂隊演奏著莊嚴肅穆的音樂。氣氛相當地嚴肅，因為大多數的會議代表在歷經長時間的談判過程後，皆已筋疲力竭，有些法國首長甚至已經動身前往倫敦參加海軍會議（Naval Conference）。儘管如此，當時身在古老歌德式荷蘭國會議事堂內的每一個人，都深深明白自己正在見證歷史性的一刻[1]。

待簽字儀式結束後，擔任會議主席的比利時首相亨利·賈斯帕（Henri Jaspar）拿起木槌輕敲桌面，邀請英國財政大臣菲利浦·斯諾登（Philip Snowden）代替所有與會的會議代表說幾句話。這個人選十分奇特。因為挖苦、批評法國和德國代表團而遭到鄙視的斯諾登，看在眾人眼裡，並不是個會搖旗吶喊、歡呼喝采的支持者。然而，就連他也深受海牙會議的成就所感動，忍不住展現出激昂的樂觀精神。他毫不猶豫地表示：「我們相信，財務問題已經徹底解決，憑著這層關係，我們不再是盟友和敵人，而是都將成為朋友與同志，共同努力去完成為了平息歐洲戰亂，仍有待達成的任務。」在結尾的致詞中，主席賈斯帕附和了斯諾登的看法，並且讚頌各國在外交層面上逐步取得的進展。「過去十年來，為了解決戰爭所產生的財務問題，國際上召開了無數次會議。每一次的會議，都讓我們更往前邁進了一步，而我們相信，透過剛才簽署的文件，我們已經為這段漫長的討論下了定論。」這一席話，贏得了在場人士熱烈的掌聲[2]。

隔天早上，呈現自由開放風氣的英國媒體便開始大肆讚揚第二次海牙大會的圓滿落幕。倫敦的《泰晤士報》寫道：「一戰歷史上一個漫長而艱難的篇章，終於畫下了句點。」《經濟學人》稱讚這是「海牙的成功」，聲稱「過去就好比是一家帳目凌亂的劣質公司，如今總算完成了債務清算」。在大西洋的另一端，《紐約時報》則是提出了信心十足的觀點：「潰爛的膿瘡現已癒合。激烈的辯論與互相指責已然告終。問題已經了結[3]。」

相較之下，法國媒體的態度就比較沒有那麼熱烈，因為巴黎在多項議題上被迫妥協。話雖如此，等同於法國政府非官方代言人的法國《時報》（*Le Temps*），依舊強烈認同各國代表在荷蘭首都所達成的成就：「海牙協議為整體的國際情勢刻劃出在道德及在政治上的重要進步[4]。」秉持相似的精神，德國的親政府媒體也做出了正面回應，儘管柏林同樣未能在各項議題上稱心如意。

那群在海牙聚首的外交官及政治人物，在內心尤其感到自豪，因為他們成功克服了由於德國外交部長古斯塔夫·施特雷澤曼於一九二九年十月意外早逝所導致的協商停頓。在一九二九年八月所舉行的第一次海牙大會上，施特雷澤曼病重。凌晨一點半，在與德法兩國首長進行談話的過程中，施特雷澤曼突然單手捂胸，並驚叫一聲：「我不行了！」德國財政部長魯道夫．希法亭是受過正式訓練的醫生，他當下便將施特雷澤曼帶回德國代表團下榻的奧蘭耶飯店（Oranje-Hotel）。當希法亭回來通知後續情況，他的說法是：「時鐘停止擺動了。」六個星期後，時年五十一歲的施特雷澤曼死於中風。《福斯日報》（*Vossische Zeitung*）的頭條標題寫道：「豈止是損失：此乃大不幸[5]！」

自一九二三年起，施特雷澤曼便憑著一己之力，形塑了德國的外交政策。他與法國外交部長阿里斯蒂德．白里安攜手合作，在改善德法雙邊關係上頗有建樹。一九二六年，施特雷澤曼和白里安兩人因為議定《洛迦諾公約》（Locarno Treaties，一九二五年），為德國加入國際聯盟（League of Nations）的前景鋪路，而共同獲頒諾貝爾和平獎。當白里安聽聞施特雷澤曼的死訊，他告訴手下，應該準備兩副棺木，一副給施特雷澤曼，一副留給他自己。「一切都結束了！」一位當時人在巴黎的德國高官在造訪位於里爾街（Rue de Lille）的德國大使館時提到：「在博哈內王子（Prince Beauharnais）的舊宮殿前，有一面巨大的德意志帝國國旗消沉地降下半旗。白里安前來向德國官員表示哀悼之意，當他離開，旁人都看得出來他曾流下眼淚。他知道，隨著施特雷澤曼逝世，他個人畢生的功績也將要被帶進墳墓裡去[6]。」

當然，在法國與德國致力於推動不同議題的過程中，施特雷澤曼和白里安兩個人的關係並非完全沒有磨擦或失望。對法國來說，其首要顧慮是要鞏固自身在面對德國時的安全保障，法國在軍事、外交或財政政策方面實施的各項措施，都是為了確保自己不會受到最近反目成仇的敵國攻擊。相反地，德國渴望達成的目標則是修訂《凡爾賽條約》，並恢復戰前狀態。首先是要求法軍盡早撤離萊茵地區及薩爾地區，最後則是要恢復德國在戰前的東側邊境，並撤銷賠償方案。施特雷澤曼的策略是透過與法國協商來達成撤軍目的，因為他知道白里安有安全方面的顧慮。不過，這項策略依然是以修正主義為主軸來進行推動。目標是要重新取得完整的主權，並且恢復德國在歐洲大陸的領導權。在一九二〇年代中期，德國人口有六千三百萬人，法國則僅有四千萬[7]。

儘管如此，白里安與施特雷澤曼還是成功建立了彼此間的信任，並緩和了戰後緊張的局勢。他們之所以能夠如此了解彼此的一個原因是，他們的出身背景非常相似。白里安的雙親在布列塔尼公國（Brittany）的首府南特（Nantes）的濱水區經營一間小型咖啡館。施特雷澤曼的父母則是在柏林經營一家酒吧，並從事瓶裝啤酒的貿易。施特雷澤曼後來以柏林瓶裝啤酒企業的發展為主題寫了一篇博士論文，遭到激進右派分子的奚落。每當施特雷澤曼和白里安見面談論政治，兩人總會一起抽菸、喝酒。白里安喜歡葡萄酒、抽香菸；施特雷澤曼則偏愛啤酒、抽雪茄[8]。

起初，在施特雷澤曼死後，眾人似乎無法從這件事所引燃的震驚中平復過來。施特雷澤曼的繼任者尤利烏斯・庫爾提斯（Julius Curtius）過去是一名律師，也是擁有兩家化學工廠經營權的創業家之子，他並未贏得多少外交官的敬重。就連庫爾提斯自己的部下，也對他抱有疑慮。外交部高官恩斯特・馮・魏茨澤克（Ernst von Weizsäcker）便曾寫道，庫爾提斯「毫無吸引力、不擅經營友誼、缺乏『性魅力』」。而白里安也不喜歡他。白里安的知心好友、法國記者吉納維芙・塔布伊（Geneviève Tabouis）曾經形容庫爾提斯是：「小律師、小男人，言行舉止端正得體，而且一絲不苟，不愚蠢，但也不聰明[9]。」

然而，庫爾提斯是個認真勤奮的人，他自視為「施特雷澤曼的遺囑執行者」，而他也證明了自己確實是一名能幹的首席談判代表。另外，新上任的法國總理安德烈・塔迪厄（André

Tardieu），也為德法合作關係的新氣象添加了助力。比白里安年輕十四歲的塔迪厄（恰巧與庫爾提斯同齡）想要避開這位外交部長的控制，發展新的溝通管道。塔迪厄和白里安的個性有如天壤之別。白里安對於自己的外表並不特別在意，塔迪厄則會把左右兩側的髮線分乾淨、八字鬍修整齊，戴上一副夾鼻眼鏡，並且使用細長的銀色菸嘴來吸菸。跟庫爾提斯一樣，塔迪厄也誕生在富裕的家庭。塔迪厄在求學階段最後一次的考試名列前茅，隨後便進入外交部工作，並逐漸打響他做為保守派評論家的名聲，反觀白里安則必須從最基層做起，再一步一步往上爬。戰爭期間，塔迪厄曾先後擔任約瑟夫・霞飛將軍（General Joseph Joffre）與費迪南・福煦將軍（General Ferdinand Foch）的新聞發布官，而後才成為步兵連隊的指揮官。一九一六年負傷退役之後，塔迪厄轉而與美國人合作。他密切配合時任總理喬治・克里蒙梭（Georges Clemenceau）的行動，而克里蒙梭在一九一八年至一九年於巴黎舉行和平協商期間，主張對德國人採取強硬態度[10]。

不過，儘管重視外表的程度不同，塔迪厄和白里安卻有著相同的外交政策目標，因為塔迪厄在一九二〇年代開始改走溫和派路線。一九二八年，塔迪厄成為當時主導法國政治圈的重要人物雷蒙・彭加勒（Raymond Poincaré）的內閣成員，並在彭加勒退休一年後，成為中間偏右派的領導者。一九二九年十一月，在舉行第一次海牙大會期間，塔迪厄晉升為總理，並在白里安心力交瘁的情況下，乘勢取得了法國外交政策的主導地位[11]。

為了與庫爾提斯建立更緊密的關係，塔迪厄在臨近正式協商日的兩天前，邀請德國代表團於週六上午共進早餐。而這位法國總理就座的位置，就夾在庫爾提斯和德國財政部長保羅・莫爾登豪爾（Paul Moldenhauer）的中間（附圖3和4）。透過用餐時的席間對話，他們驚訝地發現到彼此都曾於一八九七年時在波昂求學。這是很有益於活絡氣氛的話題。然而，德國民眾對於這場聚會的反應卻是負面的。攝影師埃里希・薩洛蒙博士（Dr. Erich Salomon）拍下了一張早餐聚會時的照片，刊登在《柏林畫報》（*Berliner Illustrirte Zeitung*）上，暗示塔迪厄只不過端出可頌、咖啡和香檳酒，就把德國代表團玩弄於股掌之間。薩洛蒙在那之後，仍不停想方設法希望了解幕後實情。在這方面，他展露了高超的技巧，有一名英國官員如此回憶道：「關於那場會議，有個很有趣的側面消息是，有一名德國攝影師成功地利用各種偽裝手法，像是喬裝成修理天花板電線的電氣技師，躲過了多家飯店的

附圖3.　法國外交部長阿里斯蒂德・白里安（左）、總理安德烈・塔迪厄（中）、財政部長亨利・雪隆（Henri Chéron）（右）在參加第二次海牙大會前，於巴黎拍攝的合影，照片攝於一九三〇年一月。

安全管制，拍下了多位部長在進行某些長時間討論過程中酣睡的有趣照片[12]。」

儘管塔迪厄和庫爾提斯在初次會面之後已成功建立起某種程度的相互信任，法國、英國和德國仍然花了將近三個星期才達成協議，願意與東歐及中歐國家共同進行商議。到了最後階段，

附圖4. 德國外交部長尤利烏斯・庫爾提斯（中間偏左），以及財政部長保羅・莫爾登豪爾（中間偏右，戴眼鏡者）在參加第二次海牙大會前，於柏林拍攝的合影，照片攝於一九三〇年一月。

各國代表團幾乎是日以繼夜地在進行協商，有時甚至完全沒有歇息，宛如一場耐力賽[13]。

到頭來，還是顧全面子的壓力和亟欲終結這場冗長談判過程的渴望占了上風。每當會議的走向即將失去控制，兩邊人馬便會妥協。最重要的是，英法雙方的代表均已逐漸認同庫爾提斯是施特雷澤曼的合格繼任者。斯諾登在會議尾聲的發言中讚美道：

「德國會議代表憑著不屈不撓的精神、勇氣與膽量，以及徹頭徹尾的謙恭有禮，捍衛了自己國家的利益。」法國代表團也對於「德國首長及大臣的公正、機敏，及其所表現出的最佳『民族態度』」表示欣賞。繼施特雷澤曼辭世、白里安漸趨引退之後，國際外交局勢依然保持住了如往昔一般的正常運作[14]。

在海牙簽署的協議書中，最重要的部分即為《楊格計畫》。這項計畫是以美國律師及實業家歐文・楊格的名字來命名，他曾主持一九二九年二月至六月於巴黎舉行的專家委員會預備會議。這分厚達一百頁的協議書總共包含了十五項條文及十二分附件，重新定義了德國賠償方案的支付條款，被認為是「完整的最終協定」。

戰爭結束超過十年之後，歐洲外交官仍須著手處理德國賠償方案的原因是個公開的祕密。這單純是因為早期簽訂的協議沒能妥善解決這個問題。一九一九年簽訂的《凡爾賽條約》明確規定，德國必須為戰爭負起全責，因此「必須補償其於交戰時期對協約國列強及其盟國平民百姓和財產造成的所有損失」。但是，《凡爾賽條約》並沒有訂下最終賠償金額，因而導致一戰的參戰國之間依然保有激烈爭論的空間[15]。

一九二一年五月發布的倫敦最後通牒（London Ultimatum）原本應該解決這個問題，卻因為訂下了有如天價般的最終賠償金額一千三百二十億黃金馬克（gold marks），大約相當於一九一三年德國GDP的百分之兩百五十，而導致情況變得更加複雜。最終賠償金額包含了三個部分。A部分的價值為一百二十億黃金馬克，這部分涵蓋的是協約國在戰爭期間直接承受的損害；B部分總計為三百八十億黃金馬克，這部分是為了支付法國和英國積欠美國的戰時債務；至於C部分（八百二十億黃金馬克）則沒有十足明確的理由，協商者全都心知肚明，這部分的賠償金額只是為了安撫戰勝國國內的全體選民，八成不會真的兌現。

儘管如此，A部分和B部分加總起來的價值為五百億黃金馬克，也幾乎已經要達到一九一三年德國GDP的百分之百。倘若美國政府願意減少其向英法兩國索賠的金額，這筆賠償費用的總額將會大幅降低。但是華盛頓方面依舊視此為禁忌，美國也尚未準備好要成為國際之間的領頭羊，承擔國際迎來穩定局勢所應運而生的開銷。於是，英法兩國便將此金額直接轉嫁給了德國。假設德國的賠償金額僅僅單純包含了戰爭所造成的直接損傷（亦即A部分），那麼這筆金額幾乎就跟法國在一八七〇年至七一年戰敗後，被迫付給德意志帝國的金額一樣低，相當於一八七一年法國GDP的百分之二十左右[16]。

就經濟上來說，德國是有能力支付賠款的，但是就政治上來說，此番局勢基本上毫無強制力可言，因為絕大多數德國人民並不認為自己的國家打了敗仗。因此，德國民眾得知賠款金額之後，繼之形成的便是抵制納稅的風氣。納稅人直到最後一刻才肯提交納稅申報單，政府當局也拖延了催繳逾期欠款的行動，目的都是為了阻礙賠款交易的進行。為了消弭賦稅收入和政府開銷之間的差距，中央銀行加發了紙幣，但此舉卻加快了通貨膨脹的速度。德國政府只支付了倫敦最後通牒所規定的第一批現金，而後基本上便停止付現。同樣地，德國也經常違背遞交實物的約定，促使比利時及法國政府在一九二三年一月派遣軍隊前往魯爾河流域，亦即德國西側礦區，去收取德國積欠的煤炭（地圖2）。可以預料到的是，德國工人對於現況表現出消極抵抗的態度，為了支持人民勉力度日，德國政府催促中央銀行印行紙鈔，以支付工人薪資。然而，由於這些額外發行的貨幣是直接經由私人消費管道進入經濟體系之內，使得原先既已因為戰爭及戰後重建而呈現較高走勢的通貨膨脹率一下子往上飆升，最終便發展成了惡性通貨

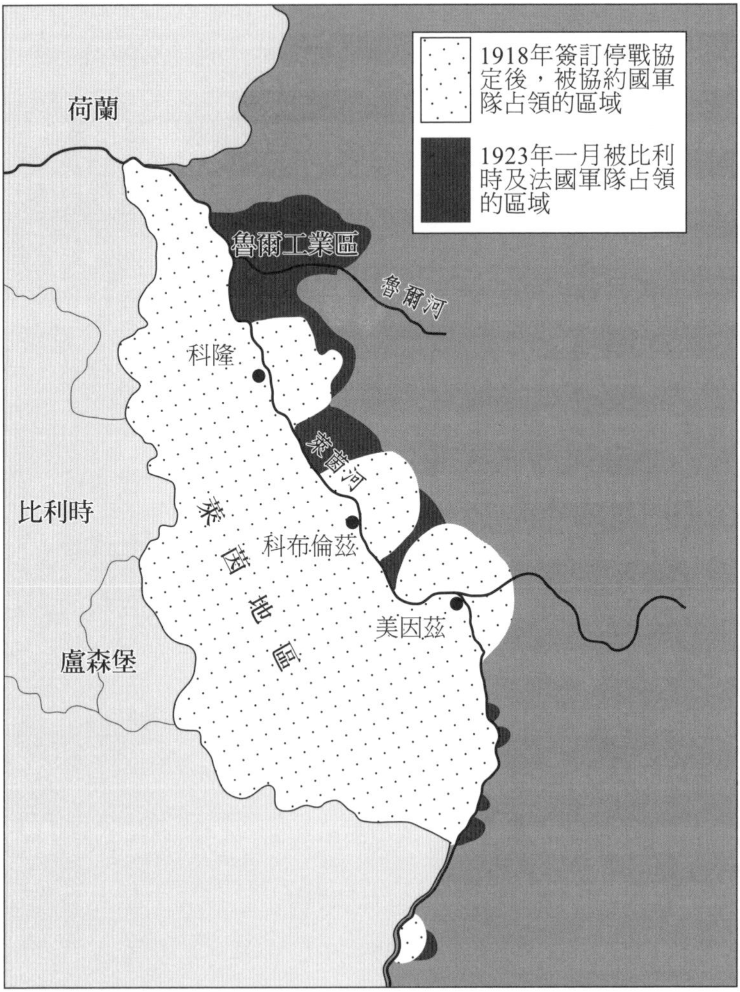

地圖2　魯爾河谷和萊茵地區被侵占的情況

膨脹[17]。

德國的公共秩序處於崩潰邊緣。就連曾於一九二一年至二二年經歷過維也納惡性通貨膨脹的奧地利作家史蒂芬·茨威格（Stefan Zweig），也認為德國的混亂失序勢不可擋：「德國馬克的價值暴跌，一路瘋狂跌到了令人難以置信的地步，相當於必須以百萬、十億、兆為單位來計算的程度。猶如女巫安息日（witches' sabbath）的通膨時代正式來臨了，……有些日子，我得花五萬馬克才買得到早報，晚報則須要價十萬馬克。持有外國貨幣的人，無時無刻都在兌換馬克，因為在四點鐘換得的匯率會比三點鐘的好，到了五點鐘，能換到的錢又會比一個小時前多出許多[18]。」

惡性通貨膨脹所引發的效應相當慘烈，而且影響力不均。備有儲蓄、持有債券的人都失去了財富。薪資水準與福利救濟金的額度下滑，因為通膨率成長的速度已經超過工資及租金因應物價上漲所應進行調整的速度。另一方面，原先負債的民眾、公司和機構，則因惡性通膨而得益，因為其以德國貨幣做計算的債務全數化成了泡影。最重要的是，德國政府　　德意志帝國、聯邦州（稱為Länder），以及公社——以德國貨幣來計算的債務也一概煙消雲散。這對國內外的債權人相當不利，卻對德國納稅人十分有利。

這一切突如其來的劇變令絕大多數德國人沉浸在一股頹喪的社會氛圍中。有許多選民，尤其是損失了存款的中產階級，在精神上飽受創傷，對於剛成立不久的威瑪共和國懷抱的理想也隨之破滅[19]。

一九二三年年末，德國政府害怕情況失控，撤銷了消極抵抗的政策。隔年，協約國也釋出善意，延請美國律師、政治人物及准將查爾斯·道威斯（Charles Dawes）來擔任專家委員會主席，重新擬定德國賠償方案的延期還付計畫（一年後，道威斯便獲頒諾貝爾和平獎，並成為美國總統卡爾文·柯立芝的副手）。《道威斯計畫》為德國帶來了多項協助。首先，它降低了每年分期還款的金額，並提供國外貸款，也就是所謂的道威斯國際貸款，來幫助德意志帝國順利銜接新的支付方案。再來，為了建立貨幣穩定性，它引進了以黃金做後盾的新貨幣「國家馬克」。最後，比利時和法國的軍隊也從魯爾河流域撤離。作為交換，德國必須接受某種程度的外交控制。德意志帝國銀行與德意志帝國鐵路不能由德國政府管控，而必須交由外國專家來監督，並須任命一名賠償方案總代表駐守在柏林，以控制還款的金流。

從表面上來看，《道威斯計畫》運作得非常順利。由美國首屈一指的銀行J. P. 摩根公司負責提供財源的道威斯國際貸款，在紐約被超額認購的數量達到十倍之多。受到這一波信心高峰的激勵，德國經濟復甦得相當快。從一九二三年到一九二七年之間，工業生產量增加了一倍以上。德國的經濟復興也帶動了全球經濟。道瓊指數繼一九二三年表現得令人失望透頂之後，維持了一段長時間的走揚趨勢，美國出借給歐洲及拉丁美洲的金額很快便達到歷史新高，並以德國做為最主要的貸款接受者。金本位制的復辟，以及透過協約國來監督德意志帝國銀行的獨立狀態，保證了匯率穩定性與資本流動性。更好的是，投資德國的利率比起投資美國的債券市場更高，因為德國在經歷過惡性通貨膨脹的摧殘之後，非常迫切需要資金進駐。一如前文所述，惡性通貨膨脹也具有正面的影響，它使得德意志帝國、聯邦州及公社不必再背負國內公共債務。相反地，法國和英國則因為戰爭而導致國內債臺高築。一九二〇年，英法兩國的負債金額總計超過其於一九一三年GDP合計值的百分之百。因此，德國成了外國投資者的天堂，這些外來投資者主要來自美國，也有部分來自英國、荷蘭、瑞典及瑞士[20]。

不過，有參與協商過程的各方人士都很清楚，賠款問題其實尚未解決。「《道威斯計畫》只是針對德國債務所訂出的臨時協定。」一位英國代表團成員如此說道。《道威斯計畫》的首要目的在於，終結法國與德國之間的外交緊張關係，以及在歷經惡性通貨膨脹的災難之後，恢復各界對於德國貨幣及其公共財政的信心。然而，德國賠償方案原有的基本缺陷並沒有被解決。該賠償方案所涵蓋的規範是在一九一九年時訂立的，而由於外交是相當具有路徑依賴性的領域，只有可能循序漸進地來做出調整[21]。

《道威斯計畫》有兩個特別顯眼的缺點。首先，它只規定了按年度還款的時程。從短期來看，它確實有助於重新啟動這整套程序，但是從中期來看，它卻有損這整個架構的可靠性。由一九二一年所發布的倫敦最後通牒訂下的三部分賠償金額，既沒有被去除，也未予以確認。其次則是隨著時間過去，其他國家會越來越難以維持對德國公共財政的監督。

更令人擔憂的是，《道威斯計畫》助長了國際之間的失衡，而從菲利克斯．索馬利這般具有批判性的觀察者的角度來看，國際失衡的局勢有可能會導致整個歐洲的財政及金融體系分崩離析。引發這番憂慮的原因是所謂的交易保護條款（transfer protection clause）運作的方式。按照《道威斯計畫》的規定，這項條款原先是設計用來幫助德意志帝國，讓它能夠在每年所應償還的債務威脅到其貨幣穩定性的時候，選擇延遲償付。然而實際上，外國銀行家和投資人很快就理解到，交易保護意味著比起賠償方案，私人債權人可以優先擁有索賠權，因為前者永遠可以拖延付款。因此，《道威斯計畫》使得放款給德國的誘人程度更勝於以往[22]。

因為如此，德國得以借入龐大的外國資本，而其中只有部分是用來作為生產性投資。另外有一大部分則是被使用來擴展公共服務，達到歷史新高度的水準。於是，使用以黃金價格作為標準的外幣來計算、在短時間之內達到可觀數量的德國外債，是以飛快的速度在增加。一九二九年，德意志帝國的外債金額總計達到七百七十億RM，大約相當於其GDP的百分之八十六。由於其中有很高比例的外國資本是透過財政系統注入的，導致大型商業銀行的資本適足率（capital ratio）劇烈下降。正是因為這個原因，使得索馬利認為德國的銀行體系是「這整個環節之中最薄弱之處，必然會造成這整個體系的崩解[23]」。

一九三〇年制定的《楊格計畫》試圖透過三方面來改善德國的處境，以期終結上述的危險發展。第一，它將德國每年必須償付的金額從二十五億RM調降至大約二十億RM，相當於一九三〇年德國經濟總額的百分之三左右。第二，德國不必再接受外國的財政控制。賠償方案委員會就此解散，賠償方案總代表帕克·吉爾伯特的工作也就此結束。柏林重新握有賠款交易的主控權，並以新成立於瑞士巴賽爾的國際清算銀行（Bank for International Settlements, BIS）作為信託辦事處。《楊格計畫》也解除了協約國對德意志帝國鐵路及德意志帝國銀行的監督權。第三，協約國承諾會比《凡爾賽條約》中明確規定的時間早五年將其部隊撤離萊茵地區（地圖2）。新的撤軍時間訂在一九三〇年六月三十日。這項條款本身雖沒有被納入《楊格計畫》中，但它是要取得德國同意所須具備的先決條件[24]。

另一方面，《楊格計畫》也為德國帶來了兩大不利因素。首先，德意志帝國必須支付賠款直到一九八八年，也就是長達五十八年之久。規定這麼長的一段償還期並不尋常。就連這項計畫的締造者歐文·楊格在協商過程中也承認：「講求實際效益的人不會想要評估一個國家的還款能力超過十五年以上的時間。」

再來，它在政治層面上適得其反，因為它使得這項計畫的反對者有理由依據「德國將會負債三個世代」這一點來提出爭辯。此外，《楊格計畫》也改變了交易保護條款。自那之後，無論在任何情況下，德國每年都必須償付至少六億一千兩百萬RM。這部分的金額被稱為無條件年金（unconditional annuity）。至於剩餘的金額，約為十三億RM則可延緩兩年支付，倘若德國政府出於經濟衰退等各種原因，希望暫時停止償還。乍看之下，這項計畫看起來像是就技術層面上做了小幅的修正。但是從實際層面上來看，可不只是如此。它有效地扭轉了德國償還外債的先後順序。從現在開始，德國必須以支付賠款為優先，將私人外債擺在其次。這使得德國一時之間突然變得很難向外國借錢，因為國外的銀行及投資者害怕在遇到危機時，沒辦法把錢討回來。如此一來，反而減少了柏林的政策制定者所能自由發揮的餘地。德意志帝國現在必須制訂預算並賺取貿易順差，才能支付賠款。而隨著德國經濟在一九二九年進入衰退期，這項新的政策規定很可能促使景氣變得更加低迷。為了取得預算盈餘和貿易順差，德國將不得不刪減預算、增收稅金，並降低薪資及物價。用不著說，在危急時刻減少國內需求無疑會在政治層面引發反效果，尤其是對像威瑪共和國這般不穩固的民主政體來說[25]。

德國有些先見之士馬上就注意到《楊格計畫》所納入的這項新條款可能造成的負面後果，其中包含了德意志帝國銀行總裁哈爾馬．沙赫特，以及鋼鐵工業界的優秀領導者阿爾伯特．沃格勒（Albert Vögler），他們兩人皆代表德國加入了在巴黎組成的楊格委員會（附圖5）。債務的清償順位遭到逆轉，是導致沙赫特於一九三〇年三月辭去德意志帝國銀行總裁一職的原因之一。沃格勒則認為，新的清償次序規則已經足以構成拒絕《楊格計畫》的充分理由，便在協商結果出爐之前先行離開了巴黎。然而，這項新條款卻被保留了下來。沙赫特因為對《楊格計畫》所持有的強烈反對意見險些搞砸了第二次海牙大會，導致其在政要圈中的可靠性近乎蕩然無存。沃格勒則是由於憎惡施特雷澤曼所推行的「滿足政策」（policy of fulfillment），在一九二四年憤而退出德國人民黨（German People's Party，德語為Deutsche Volkspartei，簡稱DVP）之後，便失去了原有的地位[26]。

更重要的是，德國的政府高官及政客普遍相信，《楊格計畫》一旦失敗便將誘發財政危機，因此他們都指望能靠海牙促成的外交突破來產生正向的經濟效應。財政部長保羅．莫爾登豪

附圖5.　一九二九年，由歐文．楊格（坐在長桌的尾端）所主持的《楊格計畫》會議在巴黎的喬治五世飯店（Hotel George V）舉行。

爾很有信心地認為，待政府贏得帝國議會選舉之後，德國的政治緊張局勢便會逐漸消退，各項產業也會受到刺激。莫爾登豪爾在德國財政部具有影響力的手下——財政部國務大臣漢斯．謝弗（Hans schäffer）與左翼自由開放的德國民主黨（German Democratic Party）及社會民主黨員的關係緊密，也跟莫爾登豪爾一樣抱持著如此樂觀的想法。謝弗相信，《楊格計畫》將會大大振興世界經濟，一如六年前施行《道威斯計畫》所產生的成效。同樣地，德國最大規模的商業銀行之一，達姆施塔特暨國家銀行（Darmstädter und Nationalbank，後文簡稱達納特銀行）的行長雅各布·戈德施密特（Jacob Goldschmidt），以及位於漢堡的M. M. Warburg & Co.商人銀行（merchant bank）備受敬重的合夥人馬克斯·瓦伯格（Max Warburg），皆認為國際借貸情形將會大幅增加。就連M. M. Warburg & Co.銀行的另一名合夥人，也就是曾經多次參與多項戰後會議，並以其審慎判斷能力聞名遐邇的卡爾·梅爾基奧爾，也抱持著謹慎的態度樂觀以對[27]。

相反地，菲利克斯·索馬利依然表現得非常悲觀。他在得知新的賠償方案內容後說道：「凱撒萬歲，我們以**延期償付的權利**（moratoria）向您致敬*[5]！」看在索馬利的眼裡，這些外交官及政客們顯然集體欠缺基本的經濟知識：「體現於馬克思主義的思想之中、推崇唯物主義的歷史觀念，高估了經濟因素對於國家政治壽命的重要性。但是，追求物質享受的政治家及外交官卻嚴重低估了這個情形，對人民的權益造成了極大的損害。這些帶頭的外交官到底有多常把跟經濟問題有關的知識丟在一旁，並對其自身的無知和愚昧感到洋洋得意啊！」

話鋒一轉，索馬利回過頭來也抱怨這些政客在BIS等新機構上的投資過頭。「在我們這個時代，有個趨勢十分顯著：當我們須要想出一些辦法來解決問題，我們不會去找方法，而會建立組織。事實上，組織起不了實質作用，反而會平添混亂，不僅無法發揮其應有的效果，更會塑造、擴大官僚主義，使其倒過來取代其原有的目的。然後，在全世界都已經忘記這個組織是在什麼時候、因為什麼原因而成立之後，它還會長長久久地繼續存在下去。」

索馬利簡直無法相信，在德國綿長的賠款期間及其短期債務的岌岌可危之間所形成的鮮明對比：「各國列強幾乎已經過數月協商，想要決定出一個連自己國內公務員薪水都付不出來的國家，直到一九六六年為止以及在那之後直到一九八八年以前，每年應該支付多少億元[28]。」索馬利憑著過去的經驗知道，德意志帝國目前的財務狀況有多危險。一九二九年春天，德國突然面臨了一場貨幣危機，因為有媒體報導，在巴黎舉行的《楊格計畫》的談判過程即將徹底破局。四月二十五日，德意志帝國銀行的外匯存底便大量流失，以至於其將官方利率調升至百分之七・五，同時也有多家商業銀行面臨流動資金嚴重短缺的威脅。德意志帝國銀行承受了極大的壓力，並拒絕接受德意志帝國所發行的國庫券。情況眼看就快要失控。身為一名社會民主黨員，財政部長魯道夫．希法亭的處境變得越來越窘迫。時年五十二歲的希法亭因為寫了一本名為《金融資本》（*financial capital*，一九一〇年）的理論書而聲名大噪，他在這本書中預測，金融領域將在整體經濟中逐漸占據領導地位，最終將會衍生出壟斷性資本主義（monopolistic capitalism）。現在，希法亭亟欲尋求任何他能弄到手的金融資本，以終結這場危機。

五月初時，希法亭提議發行一種長期免稅債券，但是內閣與國會皆傳出強烈的反對聲浪。到了五月中，希法亭因為冗長的磋商過程而束手無策、氣惱不已的，遂致電給自學生時代以來結識多年的好友索馬利。他需要一億瑞士法郎來支付公務人員的薪水。他的話語中流露出一股絕望，索馬利回憶道：「希法亭搬出整個德國政府的名義，急切地懇求我的協助，他說他已經沒有其他人可以拜託了。」這是一筆很大的金額，對於銜接資金短缺的缺口極為重要。

索馬利覺得自己必須幫朋友的忙，隨即聯繫了瑞士國家銀行（Swiss National Bank）。兩天後，在索馬利持有股權的Blankart & Cie.銀行的帶領之下，一個國際財團便成立了，其中包含有幾家瑞士主要的保險公司。因此，一筆價值五千萬瑞士法郎的短期借貸，就這樣交到了德意志帝國手中。接著，應希法亭的請求，索馬利飛到了巴黎，沙赫特當時正在巴黎參加楊格委員會的會議。交易順利完成，德國政府及時收到了資金。而後，等到貨幣危機稍微平息，希法亭便立刻迅速還清了這筆借貸[29]。

索馬利對第二次海牙大會所抱持的懷疑態度，最終被證實是正確的。《楊格計畫》是以不切實際的有利局勢作為基礎所制定而成的方案。有一場金融風暴正在成形，但不幸的是，外交官及政客們並沒有正視這些警訊。一九三〇年一月，在荷蘭首都群集聚首的人們，仍舊沒有意識到事態的急迫性。

第三章　「勝券在握」

一九三〇年三月十二日，距離第二次海牙大會結束將近兩個月後，帝國議會（德國議會的下議院）以明確的多數票表決結果通過《楊格計畫》。在上議院召開集會的聯邦州，甚至是以更顯著的票數差距通過《楊格計畫》[1]。親威瑪政權的中堅媒體《福斯日報》對此大表欣慰：「新一階段的和解已然達成[2]。」

然而，這場勝利得來不易。由時任總理赫爾曼·穆勒（Hermann Müller）所領軍的大聯合政府（Grand Coalition），在事前遭到激進政黨勢力的強烈施壓。在議會舉行最終辯論會當天，有大批群眾聚集在布蘭登堡門（Brandenburg Gate）與帝國議會之間的區域。罕見的是，議院內的旁聽席擠滿了觀眾，下議院議員幾乎全員出席。到了中午時分，帝國議會的主席宣布會議開始，並邀請穆勒總理上台發言。這位時年五十四歲、戴著眼鏡的社會民主黨員神情疲憊，除了由於協商過程而精疲力竭，更因為身患重病而苦不堪言[3]。

穆勒才正要開口說話，就被分屬於激進右派和激進左派的多名代表給打斷。隨後他繼續發言，在講到某個節骨眼時，國家社會主義德意志勞工黨（NSDAP，通稱納粹黨）柏林分部的領導人約瑟夫・戈培爾又以極為挑釁的態度大聲叫嚷，使得帝國議會主席不得不出言干預：「戈培爾代表，請保持安靜，並請不要插話。」儘管如此，總理的言論還是不斷地引起叫囂、訕笑及各種噪音。有一名國社黨代表發言指控政府「背叛人民」，導致情況徹底失控。而待穆勒講完話後，整個帝國議會一片嘩然。一名怒不可抑的德國民主黨代表大聲吼道：「這種粗野的蠢人竟然有權利發言[4]！」

促使激進右派表達出如此強烈反對的背後原因，並不只是在於《楊格計畫》，更因為這項計畫牽涉到了一項影響德國和波蘭的協議。該項協議規定，德國與波蘭必須放棄源自第一次世界大戰及《凡爾賽條約》的所有財務索賠權，包括公共和私人財務在內。一位隸屬於德國國家人民黨（DNVP），亦即激進右派最大規模的議會團體代表解釋道：「在樓上的第十二號房間裡，掛著一張顯示德國東側領土今昔對比的地圖。任何人只要凝神細看這張地圖都會感到相當震驚，我希望這張地圖可以掛在每間教室裡，被廣為人知[5]。」

自從專家委員會於一九二九年六月發布草擬的計畫內容開始，右翼分子便動員起來欲反對《楊格計畫》。德國國家人民黨黨主席阿爾弗雷德．胡根貝格（Alfred Hugenberg）曾經擔任弗里德里希．克霍普家族企業（Friedrich Krupp AG）的行政主管，他是一名企業說客，也是一家包含烏髮電影公司（UFA）在內的媒體企業集團所有人，他成立了「德國人民訴求反對《楊格計畫》及戰爭罪責謊言之德意志帝國委員會」（Reich Committee for the German People's Petition Against the Young Plan and the War-Guilt Lie）。該委員會在九月底時呈交了一分有待公民投票表決的草擬法案。這項法案拒絕承認「戰爭罪責」（war-guilt）條款（亦即《凡爾賽條約》第兩百三十一條），也反對新的賠償方案，並且主張總理、部長及政府官員若是與外國勢力簽署任何賠償協議，皆應視為刑事犯罪。但是最後，訂於十二月二十二日舉行的全民公投仍是以失敗收場，原因是只有百分之十五的德國選民前往投票，而公投要能順利通過，至少必須達到百分之五十的門檻，這個比例卻遠遠不及於此。不過在總投票數中，有將近百分之九十五的選票表示支持這項法案，這使得激進右派「擁有」公然對《凡爾賽條約》及《楊格計畫》表達憤慨與不滿的權利。

有一號人物在反對《楊格計畫》的運動中撈到了極大的好處，那個人就是納粹黨的「元首」——阿道夫・希特勒。在舉行全民公投以前，除了激進右派分子以外，幾乎沒有人注意過這位情緒異常激動、蓄著一撮有如喜劇演員般的小鬍子、嗓音尖銳刺耳的政治人物。納粹黨在一九二八年的帝國議會選舉只贏得了百分之二・六的選票，比一九二四年的得票結果還低〇・四個百分點。然而，在希特勒成為胡根貝格所成立的德意志帝國委員會核心成員後，他便打進了具有影響力的人物圈，並經常登上胡根貝格所經營的勢力龐大的媒體頻道。很快地，希特勒便成為了一個家喻戶曉的名字（附圖6）[6]。

在極左派方面，儘管動機大不相同，共產黨員也以和右翼分子不相上下的狂熱程度在鼓動著反對《楊格計畫》的浪潮。由於共產黨員視資本主義為萬惡的根源，看在他們眼裡，賠償方案只不過是另一個彰顯出這個體制已然失序的表徵。在議會辯論期間，有一名共產黨代表闡明了《楊格計畫》「旨在致使德國勞動人口承受來自德國及外國資本長達數十年的雙重剝削」。他總結說道：「這分楊格契約並不如社會民主黨員所說的，是通往和平

附圖6.　一九二九年十二月，反對《楊格計畫》的全民公投海報：「勞動苦役將禍延子孫三代」。

的一步，而是一分擁護帝國主義、剝削勞動階層、以工人階級為代價去換來的戰爭契約[7]。」

穆勒總理用盡全力在一片反對聲中堅守立場、不落下風，但是他提不出特別有力的論據來加以辯駁。他解釋道，《楊格計畫》雖然遠遠稱不上完美，但是它將可以改善德國的處境。「我們認為，相較於先前的事態，這項新協議是個進步。」緊接著，便進行了投票。按理來說，大聯合政府應該要能輕鬆獲勝。因為在四百九十一個席位中，它占了三百零一席，並且是由五大黨所組成：社會民主黨（SPD）、德國民主黨（DDP）、中央黨（Zentrumspartei）、巴伐利亞人民黨（Bavarian People's Party, BVP），以及德國人民黨（DVP）。然而實際上，在這五大黨中，卻有不少代表贊同反對派勢力所提出的論點。因此到最後，投票的結果僅有兩百六十五票贊成，有一百九十二票反對，另有三票棄權。有關德國－波蘭協議的投票結果差距甚至更小：贊成票有兩百三十六票、反對票有兩百一十七票，另有八票棄權。這樣的結果，意味著激進派政黨的成功，在四百九十一個席位中，這些政黨僅占有一百二十九席：國社黨占了十二席、德國國家人民黨占有七十三席、共產黨則占五十四席。大聯合政府雖然占了上風，這場勝利卻絲毫無法叫人信服[8]。

穆勒總理所遭遇到的困難，在巴黎那邊也略有所聞。儘管如此，法國的親政府報刊《時報》還是在社論的末尾寫下了一句正面的結語：「我們迎來了新的時代[9]。」而令法國當局尤其感到欣慰的是，德意志帝國總統保羅．馮．興登堡（Paul von Hindenburg）在議會結束之後，只隔了一天便簽署了這項法案。眾所周知，這位身材魁梧、蓄著一口有如海象鬍鬚般的鬍子、時年八十三歲的帝國陸軍元帥原先並不支持《楊格計畫》。人盡皆知，他在情感層面上與政治層面上都比較傾向於贊同國家人民黨及其欲終止賠償方案，並且收復東側疆土的訴求。

興登堡於一八四七年出生在距離柏林東邊兩百公里遠的波森市（Posen），是典型的容克（普魯士為代表的德意志東部地區的貴族地主）階級子弟，也就是該地區的貴族地主（附圖7）。他的家族擁有的土地位在諾伊德克（Neudeck），屬於普魯士的中心地區，大約位在但澤以南一百公里處。興登堡曾經參與一八七〇年至七一年間的普法戰爭，並曾於威廉一世（Wilhelm I）即位成為新任德意志皇帝時，出席在凡爾賽宮內鏡廳所舉辦的加冕典禮。興登堡在一九〇三年至一九一一年間曾擔任第四陸軍團的統帥。

附圖7.　保羅．馮．興登堡總統，一九三〇年。

他的妻子是貴族軍官的女兒格特魯德．馮．斯珀林（Gertrud von Sperling），兩人膝下共育有三名子女。此外，身為一名虔誠的普魯士新教徒，興登堡經常上教堂。

興登堡起先不願意簽署《楊格計畫》的原因並不只是來自於他的出身背景。他也擔心，過度涉入社會民主黨與他所親近的政黨之間的紛爭和糾葛，會有損他的個人魅力。與他做為仁慈的一國之父所表現出來的外在形象相反，他實為一匹政治野獸。他搶奪制度權力與爭取國民愛戴之間魚與熊掌兼得的本事，在第一次世界大戰期間發揮得淋漓盡致。戰爭爆發後不久，從東側進犯的俄羅斯部隊打得德軍節節敗退，當時六十七歲的興登堡被任命為第八陸軍團上將，並打贏了坦能堡戰役，而這都多虧他優秀能幹的參謀長埃里希・魯登道夫（Erich Ludendorff）在麾下大力協助才能拿下勝利。然而，這分榮耀卻不是算在魯登道夫的頭上，身為這支勝利隊伍的最高軍事指揮官，興登堡一人獨占了所有功勞。這使他成為了大受歡迎的戰爭英雄，並且受命晉升為陸軍總元帥。興登堡一步又一步地擴展他的勢力，並於一九一六年八月，與魯登道夫一同成為最高陸軍指揮部（OHL）的領導人，將政府與德意志皇帝步步逼向式微一途。

德國雖然打了敗仗，興登堡卻成功保住了他做為坦能堡一戰的勝利者。原已退休的他，在一九二五年時，因為保守派人士希望推舉出一位有能力的候選人來競選德意志帝國總統而重新踏入政壇。憑藉著英雄般的地位，興登堡贏得了選舉並坐上威瑪共和國政權中最高的位置，儘管他從未真心接受民主政府的制度。他的成功是他人生中的轉機，也是威瑪共和國歷史上的轉捩點。

任職總統的前四年，興登堡還能一派輕鬆地維持高人一等的姿態。政治上的爭吵與失和只有府方人士自己知道，並未威脅到他超出政治圈以外的職權。但是在《楊格計畫》壓垮國內政治之後，興登堡便跟著成為在政治層面上與他靠攏的國家主義政黨遊說的對象。一九二九年十月，有二十二名前陸軍軍官及海軍上將寫信給興登堡，試圖拉攏他加入自家陣營。興登堡雖然沒有改變主意，但是他知道，支持《楊格計畫》將會導致他個人的威望受到威脅[10]。

一九三〇年三月初，哈爾馬．沙赫特因為《楊格計畫》而辭去德意志帝國銀行總裁的職務，使得興登堡面臨的質疑聲浪甚囂塵上。因此，當帝國議會在三月中以明顯多數票表決通過《楊格計畫》，興登堡在簽署法案之後，隨即發表了一分公開聲明，明確表達出自己不樂見此番結果的立場。他在簽署德國－波蘭清算協議之前，也引述了憲法中與之相牴觸的條例，並且躊躇了好幾天才簽名。儘管最後他還是同意了，但是他的猶豫不決表現出他在面對德國與波蘭的戰後關係即將恢復正常這件事上的勉強與不情願[11]。

興登堡害怕自己的形象會因為支持《楊格計畫》而遭到玷汙，且產生影響十分深遠的後果。《威瑪憲法》賦予總統相當大的權力，使得他的角色有點像是個代理皇帝，而隨著時間過去，興登堡開始越來越有意願動用這樣的權力。他厭倦自己和左翼分子之間串聯及合作時常被人拿來當成攻擊的話柄，而且想要重新建立有如一九二五年至一九二八年之間曾經存在過的中間偏右派少數黨政府。他希望內閣成員與議會政黨之間的關係淡薄如水，可以依照總統特權來管理國家，並能透過軍事盟友的協助，制定出一套計畫來實現他的目標[12]。

而這套計畫背後的策劃者，即是那有著聰明機智、行事作風遮遮掩掩，且冷酷無情的庫爾特・馮・施萊謝爾，他是在國防部威風的部長事務辦公室裡坐鎮的少將，日後亦將成為希特勒繼任之前、威瑪共和國的最後一位總理[13]。施萊謝爾主張動用《威瑪憲法》第四十八條，來賦予總統無須經過帝國議會同意，即可簽署通過緊急法案並為其立法的權力。第四十八條例之規定如下：「當德意志帝國內部之公共安全與秩序遭到嚴重破壞或威脅時，德意志帝國總統可以採取必要措施來恢復公共安全與秩序，如有必要，可以徵召武裝部隊來協助介入。」針對任何基於憲法

第四十八條通過的法律，帝國議會可以在其立法通過後的六十天內，經由多數票表決結果予以取消，但是從另一方面來看，總統也能夠反過來解散帝國議會。

想當然耳，動用第四十八條例是具有爭議性的。它是一項緊急條款，而非讓總統得以按其政治偏好來採取行動的特殊通行證。話雖如此，過去卻曾經發生過一個重要的先例，顯示這項條款的詮釋方式其實存在著討論空間。在一九二三年至二四年間，德國政府終結惡性通貨膨脹使其貨幣價值趨於穩定時，便是援引憲法第四十八條來為其手段進行辯護，而當時的總統、社會民主黨員弗里德里希．艾伯特（Friedrich Ebert）認可了這項程序。因此，興登堡和施萊謝爾打算要動用第四十八條的做法，雖然會引起許多問題，卻也並非史無前例。

興登堡及其隨從開始暗中攻擊大聯合政府，並等待適當的時機採取行動。而這個絕佳的機會出現在一九三〇年的三月中旬。為了爭取通過《楊格計畫》，執政聯盟（ruling coalition）產生了某種程度的凝聚力，然而一旦《楊格計畫》順利通過，它們各自對於財政問題的意見分歧又會再度浮上檯面。相對而言，國家財政失衡的情況在當時還不算太嚴重。一九二九年，預算赤字的金額總計尚未超過國家收入的百分之二。一九二八年至二九年的財政年度，以GDP百分比來表示的公共債務只增加了百分之四。但是，國家的財政狀況不能以這樣的方式運作下去。德意志帝國非常迫切須要取得長期貸款，卻漸漸地不得不依靠必須不斷延期續借並且會因為國家財政及政治情勢而導致價格反覆波動的外國短期資金。此外，德國的經濟情況也從一九二八年開始停滯，並早在一九二九年華爾街股市崩盤之前進入衰退期[14]。

造成預算赤字的一個重要原因是Extraordinarium，也就是經由承襲而來、必須兌現的支出諾言或保證未能取得充足的資金所致。另一個原因則是失業保險損失。根據德國在一九二七年大方引進一套保險方案的相關法律規定，失業比率一旦超過一百四十萬人，德意志帝國就必須撥款支援失業保險基金。立法者之所以會訂下如此慷慨大度的法律，背後的原因很容易理解，就是為了強化威瑪共和國的正統性。然而，隨著德國經濟發展的腳步變得遲緩，失業人口已經攀升到了遠高於此門檻的程度。一九三〇年一月，勞務交流部登記的失業人口數已經超過三百萬人，失業率大約相當於百分之十五。當然，這個增幅有一部分是源自於季節因素。但是相較於一九二八年一月，經濟狀況仍有所成長的時候，此時的失業人口數已成長了將近一倍之多[15]。

截至目前為止，大聯合政府總是找得到方法來避免預算及內閣危機。但是在《楊格計畫》通過之後，有關失業保險資金籌措的意見衝突，卻有可能導致穆勒總理及其所率領的內閣垮臺。社會民主黨希望提高援助金額，德國人民黨則想要削減開支。經過多次協商後，內閣成員達成了內部共識，不過交換條件是，在帝國議會中占有一席之地的社會民主黨員必須向中間偏右政黨靠攏，但他們拒絕了這項條件。穆勒總理失去了自身所屬政黨的支持，並被迫下台。自古至今，大聯合政府的落敗是否真的無可避免，時常是歷史學家辯論的主題。有些人偏好強調這是一連串事件所造成的意外發展，有些人則認為穆勒內閣的結束是必然發生的結果。不管怎麼樣，只要有機會能除掉社會民主黨，興登堡總統都樂見其成[16]。

可是，光是除掉穆勒還不夠。這位年邁的陸軍元帥還需要有一位了解財政政策實質問題的政客來擔任他的左右手。再說，他也想要有一位能夠終結小規模政治（petty politics）、使經濟重新步上軌道，並能支持境況不佳的農業部門的總理。而在他的陣營中，只有一名候選人能夠滿足這些要求，那就是天主教中央黨的議會領導人海因里希・布呂寧[17]。

布呂寧的出身背景與興登堡截然不同（附圖8）。布呂寧於一八八五年出生在西發里亞的天主教城市明斯特（Münster），該地區在拿破崙戰爭結束後便成為普魯士王國的領地，因此在十九世紀末，成為了新教徒與天主教徒之間的「文化鬥爭」中心。布呂寧成長於威廉時代德國典型的中產階級家庭。他的父親接手了一間釀醋工廠，並開創了一家生意興隆的葡萄酒經銷公司。海因里希選擇研讀法律、歷史、哲學及經濟，花了不下十一年的時間在大學裡鑽研學問。一九〇四年，他進入慕尼黑大學，一九〇六年動身前往法國史特拉斯堡，一九一一年就讀倫敦政治經濟學院，最後在一九一三年回到德國波昂，寫下他以英國鐵路的財務、經濟及法律狀況為題的博士論文。

一九一五年，布呂寧自願加入德國步兵團，兩度負傷，並於戰爭末期晉升連隊指揮官。他英勇無畏的精神使他獲頒二級與一級鐵十字勳章。對布呂寧以及許多跟他同一代的人來說，這場戰爭對他們的人生起了決定性的作用。相較於他原先所欲追求的學術生涯，布呂寧感覺到自己必須為眾人的福祉做出貢獻，於是決定幫助返國的士兵尋找工作。他很快便進入普魯士社會

附圖8. 海因里希・布呂寧總理，一九三〇年。

福利部工作，並成為非社會主義性質的德國總工會（Deutscher Gewerkschaftsbund）執行董事。一九二四年，他被選為中央黨帝國議會議員，並於一九二九年成為其議會領導人。在政治上，布呂寧反映出其所屬政黨中各派系人士的意見。他是奉行財政保守主義者，但是也樂於接受福利國家的理念。他主張修訂《凡爾賽條約》，但是也贊成與協約國進行協商。他為君主政體的瓦解感到痛惜不已，但是也為了捍衛威瑪共和國的體制而奮力抵禦激進左派和右派的攻擊[18]。

多虧有這些在戰場上的實地經驗，使他成為了興登堡在政治上可以信賴的對象。此外，他以一名頂尖財政專家的身分，在帝國議會中表現得出類拔萃，似乎也代表著他有本事統領一個由技術官僚所掌權的政府。唯一的問題出在他根深蒂固的天主教信仰。不過，當興登堡發現，布呂寧自視為一位「信奉新教的天主教徒」，並且依此信念行事，是一名擁有高道德標準、孜孜不倦的勞動者，也是崇敬讚賞普魯士美德的同道中人，他便打消了心底的疑慮。在布呂寧決定謀求公職，成為一名人民公僕與政治人物時，他刻意地延後婚期，認為「決心要奉獻自己來為全人類服務並謀求公眾利益的人，不應該只專屬於某一個人，也不應該組建家庭[19]。」在官方發布的人物照片中，布呂寧是個一臉陰沉、性情冷峻的政客。他是象徵嚴肅技術專家官員的完美化身，絲毫不具有任何個人魅力[20]。

布呂寧本人並沒有主動謀求總理的職位。相反地，他想要保護大聯合政府。與此同時，他也沒有反對興登堡和施萊謝爾的計畫。如此模稜兩可的態度正是他的典型作風。有一名德國財政部高官在日後回憶道，布呂寧素來是個思想遲鈍的人，「他須要仔細深思各項決定，但是這往往太花時間，以至於他傾向於按部就班地循序漸進」。布呂寧也是一個守口如瓶的人，總是擔心身邊會出現一群反對者和陰謀者，把自己拉下臺。「有時候，他的焦慮感真的嚴重到有如偏執狂一般的程度。」前述那位財政部高官在他的回憶錄中如此寫道[21]。

到最後，事情就如同興登堡和施萊謝爾所計畫的一樣，朝著他們想要的方向發展了。三月二十七日星期四晚上，穆勒向總統遞出了辭呈，此後不久，布呂寧的友人、當時正在參加一場私人招待會的戈特弗里德·特雷維拉努斯（Gottfried Treviranus），便在湯剛端上桌時，接到了一通來自總統辦公室的電話。「總統希望能在明天早上九點與布呂寧博士會面，商討成立新政府的相關事宜。但是我們聯絡不上他，可以請您協助轉告嗎？」特雷維拉努斯隨後前往位於波茲坦廣場附近的「萊茵金」（Rheingold）餐廳，果然看見他的朋友坐在老位子上。布呂寧得知消息後雖然心生猶豫，最後還是同意於隔日上午與總統會面，並接受了出任總理的提議。三天後，由布呂寧所組成的內閣便於一九三〇年三月三十一日星期一，在興登堡的宣誓下正式上任[22]。

內閣成員的組成反映出總統的期望，這是在威瑪共和國歷史上前所未見的情況。就連親政府報刊《福斯日報》也對此表示驚詫。興登堡堅持要指名兩位隸屬於國家主義右翼政黨的人士來擔任部長：首先是指定國家人民黨黨員、國家農業聯盟〔Reichslandbund（由保守派大地主掌握主導權）〕主席，以及《楊格計畫》反對者馬丁·席勒（Martin Schiele）來擔任農業部長（相當於糧食部長），第二位接受任命的則是在一九三〇年一月背叛國家人民黨、另行成立新議會團體保守人民黨（Conservative People's Party）的特雷維拉努斯。興登堡也要求布呂寧命其友人喬治·沙策爾（Georg Schätzel）繼續留任郵務部長。布呂寧表示同意[23]。

總理職權由穆勒手中轉移至布呂寧的憲法重要性，再怎麼強調也不為過。大聯合政府的瓦解為正常的議會民主制度畫下了句點，因為組成布呂寧內閣的政黨在帝國議會中並不是多數派。依據興登堡的緊急政令所施行的總統制取代了舊有的體系。此外，新任總理也主張採取更為果敢的外交政策。終極目標是為了重新取得德國在歐洲大陸原有的支配權。而為了再次登上這個寶座，德國必須擺脫賠償方案的束縛、收復東邊的疆土，並強化與奧地利之間的關係[24]。

不過，我們也不應該言過其實地誇大新政府上台所造成的政治變遷。廢除賠償方案、收回東側領土，以及增進與奧地利的合作，實為所有政黨的共同目標。在財政政策方面，新內閣也幾乎完全沿襲舊政府的方針，因為德國被迫必須實施財政緊縮政策。除此之外，原先負責執行緊縮政策的那一群部長及資深官員也依然在職，尤其是財政部長莫爾登豪爾，及其國務大臣漢斯·謝弗，後者甚至更為關鍵，因為他在布呂寧時代成為了經濟與財政事務方面至關重要的人物。來自布雷斯勞（Breslau）的律師謝弗，與左翼自由開放的德國民主黨關係緊密，在戰後不久即進入了政府的文職部門工作。一位資深官員回憶道，他是一名能幹的調停者與概念發想者，被認為是「布呂寧內閣的心臟與腦袋」。他還有一個著名的習性，就是喜歡暗自記下所有會議、電話及對話內容的摘要。多虧有他，我們才有辦法得知幾近所有與德國危機事態進展有關的細節[25]。

大力強調政府政策方針的連貫性，亦消除了市場及投資人的顧慮。在穆勒總理請辭的隔天，《福斯日報》以星期五晚報版的頭條標題寫道：「內閣危機不構成影響：市場景氣欣欣向榮。」倫敦也一樣處變不驚。道威斯債券（Dawes Bond）的價格文風不動，德國貨幣依舊強勢。《金融時報》則寫道，投資人因為「政府未來的展望較不受到社會主義的支配而感到寬心」。華爾街也同樣瀰漫著從容的氣氛。道瓊工業平均指數於三月二十八日星期五上漲，也就是穆勒辭職的隔日，並於新政府宣誓就職的三月三十一日星期一再度上揚[26]。

一如市場的表現，英國與美國的各大報絲毫沒有表露出一點擔憂。《紐約時報》明確論及德國外交政策的延續：「無論出現什麼樣的政治變革，在施特雷澤曼博士身後繼任的現任外交部長庫爾提斯博士肯定都將留任。德國領導人明智的地方在於，他們曉得不論國內的情勢有多麼險峻，在外交政策上都勢必要始終如一。」駐紮在柏林的《泰晤士報》通訊記者則提醒了讀者歷史上的先例：「德國的政治記憶不長，一個不以正式聯盟為基礎組成的政府，形同於是一種新概念。但是，布呂寧博士的內閣——倘若他能成功組閣——幾乎不會與穆勒在上次選舉之後所組成的『名人內閣』（cabinet of personalities）有什麼差別。」兩天後，新任內閣名單公諸於世，這位記者又寫道：「贏得總統全心信任的布呂寧博士手上握有好幾張王牌，然而到目前為止，我們沒有理由去嚴正懷疑布呂寧博士會藉著與楊格保守派人士和提倡農業利益者結盟，有意或無意地協助參與國家主義者的詭計，以塑造出一個獨裁專政的政府。」同樣地，《經濟學人》也以沉著冷靜的語調表示：「目前確實存在著不穩定的因素，不過，這個難題很可能是從理論上看來較為困難，實際上則並非如此[27]。」

法國媒體對於德國新政府的態度多所保留，但是與政府關係密切的多家報刊並未對其施以嚴詞批評。法國《時報》寫道，布呂寧內閣所應接受的評判，應該是據其功績而定，而不是流言蜚語。與外交部長阿里斯蒂德·白里安關係友好的《工作日報》（*L'Œuvre*）則懷抱樂觀的希望，認為布呂寧是「財政事務方面的專家、其所屬政黨的最佳領導人，以及最受人敬重的帝國議會議員之一」。《小巴黎人報》（*Le Petit Parisien*）則是寫道，穆勒內閣請辭對於外交政策沒有影響，只對其國內的財政政策有所影響。隔天，《小巴黎人報》也預言道，有鑑於選舉只對共產黨和激進右派有利，親威瑪政黨將會竭盡所能避免帝國議會解散[28]。

支持反對派的法國報社比較具有批判性。它們認為，德國的議會體制遭到了破壞。其中又以每日出刊、傾向右翼的《費加羅報》所做的評論最為負面，它預測道：「眼前即將出現的危機將會是德國在十年內所面臨最嚴重、影響最深遠的危難之一。即便不是所有跡象都會造成誤導，我們仍然憂懼穆勒內閣的請辭只是引發一連串危機的開端，而在這種種危機之間會經過相差無幾的長期間隔，直到我們迎來極端手段：帝國議會解散，抑或是《威瑪憲法》第四十八條的啟用。無論發生何種情況，德國的議會體制都將不會再次壯大[29]。」

然而，儘管有些社論顯得悲觀沮喪，在倫敦、巴黎、紐約及華盛頓的整體氣氛依然相當正向。德國新政府似乎十分認真地要著手進行財政重建，儘管威瑪的民主制度遭受了些許的連帶傷害。許多人相信，把財務問題交給如布呂寧這樣的技術官僚來處理，會比交給身為社會民主黨員的前任總理還要來得更為恰當。此外，在新內閣就職之後的數週內，柏林就傳來了好消息。四月三日，布呂寧挺過了帝國議會的不信任投票，證明了即使他並未獲得多數票，也有權力可以治理政府。十一天後，布呂寧說服帝國議會通過了日前導致穆勒內閣下台的財務計畫的第一部分。這項計畫憑著微小的票數差距通過了。總理參謀長赫爾曼·普恩德（Hermann Pünder）在他的日記中寫道：「從清晨到深夜，一場又一場的選舉緊接著輪番進行。氣氛緊張得難以言喻，也許這是在德意志帝國史上最劍拔弩張的局面[30]。」

此外，還有其他好消息。德國同意接受《楊格計畫》，使其得以入手政府與瑞典金融家伊瓦爾．克魯格（Ivar Kreuger）協商的鉅額貸款。這項協商的交換條件為，德國給予克魯格壟斷其境內火柴工業的專賣權，以獲取一億兩千五百萬美元，相當於五億兩千萬國家馬克。這筆錢能夠幫助德國政府克服當年度其餘月分的短期資金問題。因為如此，財政部長莫爾登豪爾於該年五月初在帝國議會發言時，才會信心滿滿地對該財政年度可望達到預算平衡，以及隔年可望調降稅金的可能性抱持希望[31]。

而在其他地方，也有理由繼續保持樂觀。在三月底及四月初，法國議會兩院皆以壓倒性的多數票表決通過《楊格計畫》。此外，在一九三〇年前兩季，儘管出口貿易量已經因為全球需求下降而受到影響，法國經濟仍頑強地抗拒衰退。工業生產量維持穩定，失業率創下歷史新低[32]。巴黎的咖啡廳、電影院和夜總會全都生意興隆。

五月十七日，又傳來另外三條鼓舞人心的新聞：第一則喜訊是，《楊格計畫》已經生效，其效力可回溯至一九二九年九月，而位於巴賽爾的國際清算銀行（BIS）也已經開始營運；第二條捷報是，法國政府宣布，法軍確定將於六月底撤離萊茵地區；第三個好消息則是，白里安藉著對外發布其欲促使歐洲地區更加團結的計畫，再次善意地暗示法國有意改善與德國之間的關係。白里安在一九二九年九月所舉辦的第十屆國際聯盟大會上，首次概略論及了這個構想：「我認為，在組成地域團體的民族之間，例如在歐洲各民族之間，應該要建立起某種聯邦約定。這些民族應該要能隨時保持聯繫、商討優劣利弊、共同決議解決方案，並且培養出彼此團結一致的聯結，使其在必要情況下，得以應對任何可能應運而生的重大緊急事故。我想要凝聚這樣的關係。很顯然地，這樣的夥伴關係主要會將重點放在經濟領域，因為那是當前問題所涉及到最急迫的層面，我想我們可以朝著這個方向來努力。」他的一席話，大大點燃了諸位代表心中的熱忱。接下來，白里安希望能夠採取具體的做法，來恢復國家之間的和睦與友好[33]。

即使是在面臨嚴重經濟危機的美國，整體氣氛也在逐漸好轉。工業生產量下滑的情況停止，道瓊工業平均指數也自一九二九年十二月起便開始上揚（圖示3.1）。一九三〇年三月初，美國總統胡佛告訴媒體：「所有事實一概顯示，就業率下跌

圖示3.1　自一九二八年六月至一九三〇年五月的道瓊工業平均指數走勢。

所造成的最嚴重影響，將於接下來的三十到六十天之內過去。整個季節性貿易所帶來的就業率復興，伴隨著春天的降臨、多股復甦力量逐漸增強，以及各行政機構為了恢復經濟而積極合作所帶來的成果，在在表現出亮眼的成績，我相信這將能大幅彌補既有的艱難與不幸[34]。」

當然，不是每個人都像胡佛一樣樂觀，而且自從這位新科總統於一九二九年三月上任之後，對他抱持懷疑態度的人數便顯著增加。胡佛在公開露面的場合無法激起經濟拮据的民眾心中的共鳴，但是在經濟萎靡的初期，人們普遍還是相信這位總統有在狀況內。這名身材高大、果斷自信、勤奮認真的共和黨員，在人民心中的形象依然是一名經驗老到的工程師、富有效率的管理者，以及從事人道主義工作、信仰虔誠的貴格會教徒。胡佛生於一八七四年，十歲時便痛失雙親。他在二十三歲時離開美國，前往澳洲和中國為英國探採金礦的墨林公司（Bewick, Moreing & Co.）效力。一九〇〇年返回美國時，胡佛身為頂尖的採礦顧問，在各洲大陸皆有投資，並經常環遊世界，變得十分富有。一九一四年戰爭爆發後，胡佛組織了大規模的救援行動，首先解救了比利時人民，接著救助了數百萬名戰爭受害者。一九一七年，他成為了新成立的美國食品藥物管理局局長。戰後，胡佛率領美國救濟管理局，負責安排中歐地區的糧食運送。一九二一年，他晉升商務大臣，並就任此職位八年。一九二七年密西西比洪災後，他也成功調度後續的救援行動。一九二八年，在他參加總統競選的期間，共和黨推出了一支名為《赫伯特．胡佛：緊急救難大師》的助選影片來為他站台。對胡佛而言，眼前的經濟危機是另一個有待解決的緊急事態，而首波浮現的景氣復甦徵兆令他更加相信，他就是那個應該帶領國家度過艱難歲月的人。一九二九年十月股市崩盤之後，他鼓勵公共部門、鐵路公司及公用事業增加建設計畫，並勉勵私人企業領袖維持員工的薪資水平。這些措施顯然成功緩和了經濟危機所帶來的衝擊。胡佛總統享有這般盛譽，就連在一九二八年總統大選時支持其競爭對手阿爾．史密斯（Al Smith）的《紐約時報》也認同道：「總統指出的某些改善跡象實為千真萬確。由官方所提供的多項事實顯示失業壓力下降，各行各業已經準備好要恢復往日榮景。總統正確地指出這些激勵人心的現象，不是為了倡導愚蠢的樂觀主義，而是為了激發人民對於未來的信心，並增強推動解決方案的決心[35]。」

唯一沒有理由保持樂觀的就屬英國了。英國的經濟從未完全自戰爭中恢復，深陷於一片蕭條之中。此外，由拉姆齊．麥當勞率領工黨聯合自由黨員所創立的少數派政府，開始面臨內部分裂的問題。五月之時，工黨的後起之秀，提倡徵收進口關稅、企業國有化，以及利用公共工程計畫來降低失業情況的奧斯瓦爾德．莫斯利（Oswald Mosley），為了抗議內閣實施的財政緊縮政策，憤而放棄其部長職位。莫斯利在日後將會成為英國法西斯運動的領導人物。然而，即使是在英國，其政治局勢也依然維持在控制之內。社會上沒有發生大規模動亂，選民們的立場也沒有在短時間之內變得激進的跡象。

因此，在一九三〇年春天，縱使經濟情況叫人提高警覺，有一種謹慎的樂觀精神卻開始在精英分子之間變得蔚為流行。如果布呂寧有辦法重建德國的公共財政，法國經濟繼續蓬勃發展，美國加快復甦步調，那麼全球經濟便將於這一年間擺脫危機，帶動英國經濟往前邁進。

PART II

INDECISION

猶疑

第四章　希特勒的勝利

事實證明，人們以為經濟危機即將解除的預想，實際上是大錯特錯。舉凡國際貿易、工業生產量和就業情況，每一種主要的經濟指標在略有起色之後，皆重現了下降衰落之勢。聯準會及其他國家的央行都被迫再進一步放寬貨幣條件。到了一九三〇年六月底，名目利率已降至戰後最低點。紐約證券交易所的股價繼於一九二九年十一月中至一九三〇年四月中短暫回升之後，又再次呈現下跌趨勢。回顧該年度前五個月的經濟數據，《紐約時報》寫道：「如果我們把這些『反映現實的報告』攤開來看，讓數字來說話，它們似乎反映了一個陰鬱的事實。在建造業、製造業、採礦業和運輸業的每個分部門，幾乎都看得到百分比下降的情形，原先可望獲得的季節性收益也沒有如預期般地發生[1]。」

要不了多久，其他壞消息便接踵而至。六月中旬，美國總統胡佛不顧上千名美國經濟學者的反對，簽字通過由參議員里德．斯穆特（Reed Smoot）和眾議員威利斯．霍利（Willis C.

Hawley）所發起、以貿易保護主義為主旨的《斯姆特－霍利關稅法案》（Smoot-Hawley Tariff Act）。這項法案的核心要素是要將美國的進口關稅平均提高百分之二十。儘管簽訂這條法律所引起的傷害程度比起當時許多觀察家所以為的還要低，它卻等於是向全世界送出了一個負面信號。做為自由主義的大本營，《經濟學人》難以置信地表示：「我們見證了一個異乎尋常的情況，在貿易嚴重蕭條的時刻，有個偉大的國家在面臨製造業出口需求漸增時，竟然刻意在自己與全球貿易之間豎立起屏障[2]。」

與此同時，在大西洋東側，德法兩國的關係也隨著法軍同意自萊茵地區撤離的日期逼近而漸趨惡化。法國的部隊將官們接二連三地提出一個又一個意想不到的技術問題。布呂寧逐漸失去耐心，控訴兩國之間的氣氛「因為法國軍官過於迂腐、老愛賣弄假學問而緊繃到了極點」。到最後，英國決定站在德國這一邊，插手介入。有別於一九二九年五月敗選下台的保守黨政府，新上任的工黨政府寧可賠上英國與法國之間的特殊關係，也要支持德國快速復興。一九三〇年四月底，外交大臣韓德森（Henderson）力促英國駐巴黎大使向法國當局施壓。他擔心，事情一旦拖延，「可能會導致影響範圍廣泛的不良後果，並妨礙《楊格計畫》順利地如實執行[3]。」

最終，法國軍隊還是按時撤出了萊茵地區。但是在六月三十日軍隊撤離之後，這次卻換成是法國覺得自己受騙上當。興登堡總統和布呂寧所率領的內閣非但沒有讚揚法國此舉乃是為了雙邊關係和諧更往前邁出的一步，反而只顧著向那些為了爭取祖國自由而光榮捐軀的德國人民致敬，並且表達他們希望法國能夠盡快歸還薩爾地區的心願。在這項宣言的結尾，他們更是提出了一段口號來號召全國人民：「在這莊嚴的時刻，讓我們把堅定的信念化為一致的決心。經過如此多年的磨難，現在讓我們團結起來，用和平的方式，為我們心愛的祖國重建更美好、更光明的未來。讓我們大家為了這句話齊力同心：『德意志，德意志勝過一切[4]！』（Deutschland, Deutschland über alles!.）」

延續這樣的精神，德意志國防軍在柏林的一座體育場舉行了大型的集會活動，聚集了數以千計熱情響應國家主義口號的民眾。在柏林市中心所舉辦的另一場群眾大會上，就連由共和主義政黨所成立的黑紅金國旗團，也在慶祝萊茵地區的復歸，並演唱國歌。隔日，德意志國防軍在普魯士國王和德意志皇帝過去所曾居住過的柏林王宮周圍的盧斯特花園鳴放了二十一響禮炮。這是繼一九一四年一月為德皇慶生之後，所施行的第一次軍禮[5]。

布呂寧內閣決定發行一種硬幣，並在硬幣上頭銘刻一句煽動性標語：「萊茵河乃德國內河，而非界河。」外交部長庫爾提斯曾反對這項決定，但無濟於事。隨後，官方又對外宣布，興登堡總統將於七月中旬前往「解放區」巡查。他將下榻在位於美因茲的大公爵宮殿，這座宮殿在過去曾一度為拿破崙・波拿巴所使用，也是法國軍隊總部先前駐紮的地方[6]。

面對德國的種種舉動，法國的親政府報刊《時報》大失所望地表示：「做為我軍撤出萊茵地區的合理結果，德國理當努力拉近與我國之間的和睦與友好關係，有關這部分的期望在興登堡總統與德意志帝國首長所發布的宣言當中，卻隻字未提。」英國也同樣大感震驚。英國大使朗博爾德（Rumbold）從柏林發了越洋電報回倫敦：「在我看來，德國政府發表的宣言證明了德國人的性格中有兩大積重難返的缺陷：一是忘恩負義，二是不圓滑且不明智。」他對於德國提及薩爾地區的言論特別感到憂心：「受人幫助卻不知感恩，是德國人性格當中一項糟糕的特點，但是在得到幫助以後又立刻表現出得寸進尺的態度，別人就有理由對其感到不耐了[7]。」

而情況朝著更壞的方向發展了。法國撤軍後，過去曾經提倡萊茵地區脫離德國管轄、納入法國國土的人士遭到了報復。根據美聯社報導，在凱撒勞頓（Kaiserslautern）有三人遭受重傷，並有一處民宅被燒毀。「足足有一小時以上的時間，警方完全無法控制目無法紀的失序情況」。類似的事件也發生在美因茲。以「無差別私刑」做為頭條標題，《福斯日報》敘述了針對疑似分離主義者所施加的暴行。「儘管有人在事前受到威脅、許多房屋被張貼標語，並且突然出現許多小型棺材，皆暗示著有壞事即將發生，警方卻完全沒有做好要防範暴動的準備。」類似事件在威斯巴登（Wiesbaden）也有報導[8]。

發生這些暴力衝突事件之後，法國的社會輿論對德國的看法從失望轉變成了厭惡。《時報》捨棄了其一貫慎重、有分寸的撰文基調，以「令人作嘔的暴行」來形容德國的作為。法國這邊所感受到的驚愕很容易理解。自萊茵地區撤軍導致法國面臨了偌大的安全性風險。這意味著，法國放棄了可以用來作為某種保險機制、防範德國發動潛在攻擊的緩衝地帶。法國原本是希望藉由撤軍之舉來強化雙邊信任，德國的回應方式卻完全改變了遊戲規則。站在法國的角度，柏林是錯把它的讓步看成了示弱[9]。

法國對此反應非常激烈，因為提早撤離萊茵地區在其國內政治圈一直是頗具爭議性的議題。一九二九年八月，在第一次海牙大會上，當時身兼總理一職的法國外交部長白里安，在敵不過來自英德兩方的壓力下同意撤軍，這使得他立刻失去參議院內眾多議員的支持，不得不從總理的位置退下來。白里安的繼任者安德烈·塔迪厄趁著這股政治氣勢，立即加快了從南方與瑞士接壤的邊界到北方與盧森堡毗鄰的區域之間這段防禦工事的建造速度。這項建設計畫開展於一九二〇年代，並且是依照時任法國陸軍部長安德烈·馬奇諾（André Maginot）的名字，將其命名為馬奇諾防線（Maginot Line）。一九二九年十二月底，法國的參眾兩院以超過百分之九十的得票率，立法通過加速建設這段防線。

塔迪厄和馬奇諾跟英國人一樣，都注意到了德國打算要祕密重整軍備的計畫。一九三〇年二月，大英帝國參謀總長米爾恩將軍（General Milne）在一分報告的末尾提出警告：「表面上看起來，他們相當遵守《凡爾賽條約》的規定，但同時，他們也在想辦法透過祕密手段來規避該條約所施加的限制，目的是為了打好基礎，以便將來某一天，等到政治情勢許可的時候，一舉擴大其勢力版圖。因此，他們眼下的目標不是整頓軍隊備戰，而是組織全國上下的力量，尤其是在工業方面，好讓它可以在必要時再次把自己變成一部戰爭機器，與此同時，他們也在防止德國人民喪失其好戰的精神[10]。」

在如此高張的氛圍之下，巴黎很明顯地必須採取外交行動。經內閣指示，法國駐柏林大使皮埃爾．德．馬士理向德國政府發出一分外交照會。相對於此，德國駐巴黎大使利奧波德．馮．赫施（Leopold von Hoesch）則是透過請求德國政府在官方回應中指出，法國曾於一九二三年占領萊茵地區時為該地區的分離主義運動提供經濟援助，來為兩國之間衝突逐漸加劇的情況暫時降溫。儘管如此，法國大使在向外交部長庫爾提斯回報消息時，顯然並未在立場上有所保留。庫爾提斯在開完會後，隨即記錄道：「這場爭端已經快要超出可忍受的極限。」德法關係降到了新低點[11]。

德國的其他作為也令法國大為光火。在出發前往位於西邊的「解放區」之前，興登堡總統極力督促普魯士政府暫時中止自一九二九年十月起，因應非法軍事演習而對萊茵地區及西發里亞的「鋼盔軍團」（Steel Helmet）發布的禁令。「鋼盔軍團」是由過去曾經擔任前線士兵的軍人，以收復失土的復仇主義為宗旨，於一九一八年十一月成立的準軍事組織。該組織的政治立場自一九二九年起傾向極右派，興登堡本人即為該組織的榮譽成員。而由社會民主黨員奧托．布勞恩（Otto Braun）所領頭的普魯士政府，最終是在興登堡威脅要取消前往萊茵地區的行程之後，屈服妥協。七月十六日，該項禁令正式中止[12]。

德國針對白里安所撰寫的《歐洲聯盟聯邦體制組織報告》（*Memorandum on the Organization of a System of Federal European Union*）一書做出的回應，也令法國大徹大悟，不再對其抱持任何希望。重點並不是在於德國政府所提出的異議。其他國家，尤其是英國及義大利政府，也對這項計畫表現出懷疑的態度。真正惹惱法國政府的，是德國做出回應時的口氣，及其想要順水推舟地利用白里安的計畫來修訂《凡爾賽條約》的想法。顯然，德國的外交政策已經進入了新的階段。在法國棄守萊茵地區之前，柏林都還有意願與巴黎進行對話。而一旦達成這項目標，德國政府便覺得自己可以隨意忽視法國的利益，並且改而採行更具侵略性的外交政策。為了支持這套新方針，布呂寧對外交部進行了一項重大的改革。向來大力支持德法雙邊合作的國務大臣卡爾．馮．舒伯特（Carl von Schubert）被撤換下台，改由一向反對採取國際親善政策的前總理比洛的姪子伯恩哈德．馮．比洛

（Bernhard von Bülow）來接任。六月二日，伯恩哈德即於威廉大街（Wilhelmstrasse，直至一九四年被指定為德國政府所在地）就職[13]。

在這場日益增強的政治猜忌與角力中，楊格債券的發行成效很令人掃興。楊格債券在市場上的價格很快就掉到其票面價值的百分之九十以下。事實證明，人們以為《楊格計畫》會帶動世界經濟的看法只是個空想。德國主要的經濟雜誌《德國經濟學人》（*Der Deutsche Volkswirt*）擔憂地表示：「楊格債券發行失敗並不是一樁只會影響到少數幾位投資者這般無足輕重的小事。這件事對德國的信譽所造成的損害，暫且看來是無可挽救的[14]。」

而導致楊格債券推出之後反應不佳的主因，正是德國漸趨惡化的財政狀況。截至五月上旬，失業人口已明顯增多，賦稅收入也比預期低上許多。因為如此，失業保險基金持續大幅虧空。各個自治市也都面臨財務困難。根據估計，德意志帝國須要額外取得七億五千萬國家馬克，也就是相當於其年度預算的百分之十，才能夠使其公共財政重新步上軌道。財政部長保羅．莫爾登豪爾不得不準備好一筆財政緊縮預算。五月十日，財政部國務大臣漢斯．謝弗與布呂寧總理私下進行了一次長談，強迫他必須在七月之前採取行動。布呂寧屈服了[15]。

在接下來的幾週之內，為了商定湊集經費的辦法，內閣舉行了無數次的會議。六月六日，媒體便接獲消息，得知政府制定了一套以三個方向為主軸的全新計畫。第一個方向是，為了鞏固失業保險基金，提議將勞工薪資的撥款捐獻比例由百分之三・五調升至百分之四・五，並實施某些存款改革。第二個重點是，為了提高政府稅收，建議針對公私立單位薪資固定的受薪階級暫時徵收百分之四的緊急稅金，並將未婚人士的納稅金額調高百分之十，亦將針對董事會成員所獲得的紅利獎金收取更高額的稅金。除此之外，政府也會嘗試販賣德意志帝國鐵路的優先股，並透過調整支付方案來增加菸品稅的收入。第三項則是提出了一系列削減開支的做法，特別是就健康保險賠償金額，以及中央分配給各州及各個自治市的金額方面。為了減輕實施以上各項措施所產生的經濟收縮效應（contractionary effects），內閣承諾將會在創造就業機會的方案上投入數億國家馬克的資金[16]。

一如預期，這套財政緊縮計畫相當不受歡迎。社會民主黨黨報《前進報》（*Vorwärts*）憤憤不平地質問道：「這套計畫哪裡有經過多數人的同意？」就連中右翼的德國人民黨、負責擬定這套財政緊縮計畫的財政部長保羅・莫爾登豪爾自身所屬的政黨也不予以支持。人民黨代表對於那百分之四的緊急稅金特別不滿意，因為那主要會影響到他們的選民基礎。六月中旬，在內閣正式表態支持莫爾登豪爾所制定的計畫之後，人民黨代表決定拉他下台。莫爾登豪爾失勢，在六月十八日的內閣會議中遞出了辭呈。他解釋道：「人民不願意支持我，我在他們眼裡已經失去了公信力[17]。」

財政部長提早退位，預示了由布呂寧所率領的技術官僚內閣要在德意志帝國推動這套財政緊縮配套措施的機會相當渺茫。大聯合政府在一九三〇年三月瓦解之前，當時的財政部長希法亭也是在一九二九年十二月便辭職下台。歷史會不會再次重演呢？

莫爾登豪爾的繼任者是赫爾曼・迪特里希（Hermann Dietrich），也就是布呂寧內閣的副總理。迪特里希的為人比莫爾登豪爾開朗，精力也更為充沛。迪特里希出生於一八七九年時位於德意志帝國西南方的巴登大公國，他在求學階段鑽研法律，並在三十歲之前成為了職業政客。他先是在該地區的一所小鎮擔任鎮長，隨後又在戰爭期間成為康士坦茲市的資深市長。戰後，他進入巴登政府工作兩年，然後成為了左派自由的德國民主黨

（DDP）在帝國議會中的一員。一九二八年，大聯合政府任命他擔任農糧部長。布呂寧於一九三〇年三月成為總理之後，便將他分派到經濟部。而現在，時間來到一九三〇年六月，他受命接掌財政部，並且面臨到職業生涯當中最艱鉅的一分工作[18]。

對財政部而言，迪特里希縱使才華洋溢，依舊是個具有爭議性的人選。不論是在決策還是領導方面，他都欠缺一致性。總是放任怒氣恣意爆發的習性，也令他聲名狼藉。德國高官喜歡戲稱他為「大怒神」和「瓦爾德古塔赫鄉巴佬」（該地是迪特里希的家鄉）。迪特里希熟知有關德國森林的一切，據說他能徒手捕撈鱒魚，但是他對經濟危機的動向與變化一無所知。更糟糕的是，迪特里希的反猶太主義使得他與自己手下身為猶太人、在財政政策議題方面的知識遠比他更為淵博的國務大臣漢斯・謝弗之間，不斷發生衝突與口角。迪特里希和謝弗兩人雖然都深深相信，不應該讓納粹黨人涉足官僚體系，但是他們的陣營並沒有銅牆鐵壁那般堅硬[19]。

儘管迪特里希抱著極大熱忱、幹勁十足地接下這個擔子，並且重新調整了財政緊縮計畫的內容，他卻跟上一任的莫爾登豪爾一樣，馬上就碰了釘子。一如迪特里希與各政黨領導人磋商的結果所示，在帝國議會中贊成實施第二輪財政緊縮政策的人並不在多數。但是，布呂寧不願意再次從頭開始，他向各部首長發出警告：「內閣如果現在猶豫、動搖，將會使我們面臨到一場經濟大災難。我不認為再繼續跟各個政黨進行進一步的協商會有什麼幫助。我不願意讓自己先陷入絕境，再遭人埋伏襲擊。我會阻止帝國議會挑起鬥爭[20]。」

布呂寧按其原則採用的方法並沒有對反對方構成影響。七月十六日中午，帝國議會做出了裁決：在四百四十九名代表中，有兩百五十六人反對向受薪勞動者課徵緊急稅款，因而有效地否決了這整套財政緊縮計畫。反對方勢力是由社會民主黨、共產黨，以及極端右翼分子，也就是胡根貝格所率領的國家人民黨和納粹黨，這三方勢力結合而成的「邪惡聯盟」（unholy alliance）所組成。左派人士批評社會服務遭到縮減，要求針對高收入階層課徵較高稅金，右翼人馬則是企圖加速政府垮臺，引發經濟動亂。儘管如此，布呂寧依舊不為所動。他知道他握有興登堡總統所賦予的權力，可以借助《威瑪憲法》第四十八條來強制執行他的財政緊縮計畫，並解散帝國議會，要是他決議拒絕這套經過調整之後的計畫。因此事情的結果是，在遭到否決之後的幾小時，內閣便藉由援引《威瑪憲法》第四十八條，使財政緊縮措施得以生效[21]。

社會民主黨員即刻發起一項法案，呼籲駁回第四十八條之啟用。他們相信在財政緊縮議題上有所折衷，將會有損其作為左派主要代表政黨的可信度。社會民主黨黨報《前進報》如此寫道：「這是事關勞動階級的問題，布呂寧的政策是在上位者發起的階級鬥爭。」社會民主黨員心裡也很清楚，若是支持布呂寧，他們便會在選戰上敗給共產黨。

七月十八日，為了針對社會民主黨所提出的法案進行辯論及投票，帝國議會重新召開了會議。直到最後一刻結果出爐之前，都很難看出究竟是布呂寧占了上風，還是社會民主黨占優勢。然後，就在接近下午一點的時候，帝國議會的主席宣布，有兩百三十六名代表贊成駁回第四十八條，有兩百二十一票反對。雖然由胡根貝格所率領的國家人民黨有幾位成員跑票，然而，「邪惡聯盟」還是再一次獲得了勝利。「太棒了！」納粹黨員大聲喊道，就在此時，布呂寧站上了講台，公開頒布興登堡總統所下達的政令，宣布解散帝國議會。現在，換成是共產黨員在咆哮：「打倒貪婪飢渴的政府！」最後，在布呂寧發表完簡短的聲明之後，帝國議會主席言簡意賅地為這場會議作結：「因為如此，我們的工作即在此告終[22]。」

幾分鐘之後，內閣成員在議會大廈裡的一間會議室集合開會，並排定於九月十四日舉行選舉。他們也決定請求興登堡總統發布新的緊急政令，以落實財政緊縮配套措施。既然帝國議會遭到解散，這樣的策略調動便屬合法。而興登堡也信守承諾，給了布呂寧所需要的支持。七月二十六日，他便下令公布一九三〇年的年度預算、新稅制，並為失業保險基金調高勞工的撥款捐獻金額。德國因此避免了一場財政危機，但這卻是以其政治層面全面拉警報來做為代價[23]。

一如一九三〇年三月大聯合政府的落敗在歷史學家之間常有意見相左的情形發生，當代人士在談論到一九三〇年七月帝國議會解散一事是否真的無可避免時，各方說法也是各執一詞。有人責怪布呂寧沒有盡力嘗試與社會民主黨達成協議，也有人直指是社會民主黨拒絕捍衛議會體制，就如同該黨在一九三〇年三月時也曾經拒絕支持大聯合政府。形同於布呂寧內閣代言人的《福斯日報》在其社論篇幅中寫道：「社會民主黨拿出了證據證明，沒有了他們，便無以治國。可這是多麼昂貴的代價啊！他們在共產黨、國社黨以及胡根貝格的隨行手下這些民主死敵的幫助之下，強行迫使帝國議會走向解散一途[24]。」

不過，有些歷史學家現在相信，布呂寧當時可能別無選擇。介在人民黨的右翼勢力與社會民主黨的左派思維之間的鴻溝變得太過龐大。七月十五日，在帝國議會拒絕接受財政緊縮配套措施的前一天，這位總理大人曾經詢問過各部首長，假如社會民主黨有意願進行協商，那該如何是好。結果，只有一位部長認為應該向社會民主黨的立場靠攏。其他人則都相信如此改變策略不會收得好成效。布呂寧也認同這個觀點，表明道：「如果這麼做，中間偏右的政黨便不會再支持我們[25]。」

不管怎麼說，理當要負責解決這場財政困境的技術專家官員終究還是失敗了。而且，就好像情況還不夠糟糕似的，從科布倫茲傳來了令人震驚的消息：興登堡總統前往萊茵「解放區」的行程宣告暫停。七月二十二日晚間，在欣賞了從地勢高聳的埃倫布賴特施泰因（Ehrenbreitstein）要塞施放的煙火表演之後，有兩百多人因為一座浮橋坍塌而掉進河裡，其中有三十五個人溺斃。興登堡因此突然中斷了行程，返回柏林[26]。

相較於大聯合政府垮臺之後的情況，帝國議會的解散對金融市場造成了嚴重的負面衝擊。投資人開始了解到，德國的政治局勢並不穩定。早在布呂寧與帝國議會展開抗爭之前，德國央行便已於當週損失近兩億四千萬國家馬克，相當於其總黃金存量及外匯存底的百分之八。接下來，在帝國議會解散之後的那一週，楊格債券在阿姆斯特丹上市的定價也下跌了超過四個百分比。這個跌幅的走勢逐漸趨緩，在八月中時趨於穩定，接著便如此一路持續直到九月中旬的大選之前[27]。

相比大聯合政府落敗之時，外國媒體此時的態度也顯得較為憂慮。《經濟學人》除了提到「德國的政治危機令人生畏，似乎有可能帶來非常深遠的影響」，也針對經濟危機所可能引發的政治風險提出了警告：「考慮到經濟重度拮据的情況在德國境內各地引起了不小的騷亂，競選活動恐怕不會太受歡迎。」《泰晤士報》指出了國際上對柏林事件的看法：「德國的財務穩定性和經濟穩定性當然不只對德國而言是個值得關注的問題。因為如此，再加上其他的原因，使得國際方面會格外關注其所實施的多項緊急措施的本質，及其籲請選民支持的結果。」巴黎的《時報》則是擔心德國的民主制度崩解與退化：「各個政黨都只把主要的焦點擺在維護選民的利益上[28]。」

法國外交官及部長也日漸感到憂心。七月二十五日，法國派駐在柏林的財政專員發了電報回巴黎：「我不想要顯得太過悲觀……我不希望讓巴黎方面對此感到太過煩憂……但是，我所看見的一切淨是一片黯然的景況……」就連本身並非經濟事務專家的法國駐柏林大使皮埃爾．德．馬士理，也開始了解到德國已經踏入危險的境地。收到德．馬士理自柏林傳來的電訊之後，外交部長白里安在帝國議會解散後，擔憂地寫信給財政部長雷諾（Reynaud）說：「此時此刻我才發覺，一切都是一場空[29]。」

因此，當時間來到一九三〇年夏天，整體氣氛已經出現了劇烈的變化。年初時人們還興高采烈地聲稱《楊格計畫》將會是朝向歐洲和平所邁出的嶄新一步。現在剩下的，卻只有失望、懷疑和懼怕[30]。

布呂寧參加這場選戰的成績會是如何呢？八月初時，人在瑞士休閒度假勝地薩斯斐（Saas-Fee）的山間小木屋裡享受假期的國務大臣漢斯．謝弗，在一封寫給漢堡銀行家馬克斯．瓦伯格的長信中，說明了他所預測的選舉結果。謝弗預期，國社黨將會獲得四十個席位，胡根貝格的國家人民黨會有三十席，而共產黨將握有五十五席。英國駐柏林大使霍勒斯．朗博爾德爵士（Sir

Horace Rumbold）在九月初寫給外交大臣韓德森的信中提到，國社黨「很有信心能夠在這次選舉中贏得超過三百萬票，並且在帝國議會中拿下五、六十席。就我個人的觀點來看，這個數字似乎有點高，由此可以假定，國社黨對其自身所做出的估計偏高。」而總理參謀長赫爾曼．普恩德在自己投完票之後，則是預測共產黨將會贏得五十個席次，而由納粹黨和國家人民黨所組成的極端右派勢力將會獲得一百席[31]。

當選舉結果於深夜時分出爐，顯然就連悲觀主義者在事前也顯得太過樂觀。共產黨贏得了七十五個席位，納粹黨和國家人民黨一共奪得一百四十八席，其中納粹黨占一百零七席，國家人民黨則占四十一席。現在，納粹黨搖身一變成為了帝國議會中僅次於社會民主黨（一百四十三席）的第二大黨。一九二八年時，它還只是個默默無聞的邊緣政黨，得票率僅僅只有百分之二點六（表4.1）。得知消息後，普恩德的心情盪到了谷底：「這毫無疑問是個可怕至極的結果！」《福斯日報》則寫道：「這是激進主義的勝利[32]。」

在執政聯盟當中，只有布呂寧所屬的中央黨席位沒有減少，但它現在擁有的席次比共產黨還少。此外，這次選舉的投票率很

表4.1　一九二八年至一九三二年帝國議會選舉結果

	1928年 5月20日		1930年 9月14日		1932年 7月31日		1932年 11月6日	
	得票率%	席位	得票率%	席位	得票率%	席位	得票率%	席位
共產黨（KPD）	10.6	54	13.1	77	14.6	89	16.9	100
社會民主黨（SPD）	29.8	153	24.5	143	21.6	133	20.4	121
中央黨（Zentrum）	12.1	62	11.8	68	12.5	75	11.9	70
巴伐利亞人民黨（BVP）	3.1	16	3.0	10	3.2	22	3.1	20
德國民主黨（DDP）	4.9	24	3.8	20	1.0	4	1.0	2
德國人民黨（DVP）	8.7	45	4.5	30	1.2	7	1.9	11
德國國家人民黨（DNVP）	14.2	73	7.0	41	5.9	37	8.8	52
納粹黨（NSDAP）	2.6	12	18.3	107	37.4	230	33.1	196
其餘政黨	13.9	51	14.0	72	2.6	11	2.9	12
總計		491		577		608		584

資料來源：帝國統計局（Reichsamt）統計資料。

高（百分之八十二），這意味著檯面下不存在可能支持布呂寧策略方針的沉默多數派。相反地，有許多新選民選擇起身投票，以表達他們對當前事態的憤怒。議會對政府的支持度大幅降低。布呂寧只有在社會民主黨願意支持他的情況下才有辦法執政，但是興登堡總統卻強烈反對讓社會民主黨加入政府的陣營[33]。

撇除經濟危機與繼之而來的政治怨懟，還有許多其他原因促使納粹黨在這次的選舉當中大獲全勝。他們除了善用現代宣傳工具，把競選活動安排得有聲有色之外，希特勒的個人魅力及其承諾必將恢復德國之偉大和權勢的誓言，也確實感染了各階層的人民。不過，最重要的單一因素是，納粹成功地把引發國內經濟危機的主因推給了《楊格計畫》。藉著聚焦於此議題，納粹向廣大的德國民眾傳達了一種觀念，並引起了大多數人的共鳴。就連屬於社會主義性質的各大工會也都贊成修訂《楊格計畫》。此外，若要說《楊格計畫》與國內經濟危機有所牽連，那倒也沒錯。德國發現自己落入了債務陷阱之中，而此債務陷阱有一部分便是源自於賠償方案。這麼一來，想要把所有錯都怪罪到債權國的頭上，就變得很容易了。

距離帝國議會解散之後僅僅數小時，希特勒在慕尼黑的納粹黨集會上發表的第一場競選演說，便挑明地指出《楊格計畫》是威瑪精英分子失敗的象徵：

> 想當然，《楊格計畫》並不是唯一的罪魁禍首，但它卻是最近發生、也最顯而易見的愚蠢罪過。常言道，再好的水壺用久了也會壞，而它也應該要壞！我們將在此番競選活動中明確理出德國腐敗者的失敗之處，讓他們沒辦法憑靠耍花招抑或是缺席不在場來為自己脫罪[34]。

十天後，在一場由納粹黨領導人所召開的集會當中，希特勒概略說明了他的競選計畫：「同意採納《楊格計畫》的馬克思主義和資產階級同樣有罪。這使得納粹黨得以對支持《楊格計畫》的政黨陣營發動最凌厲、最無情的攻勢[35]。」納粹競選活動的負責人約瑟夫・戈培爾立刻掌握了這個要點，並指示政黨發言人將話題火力集中在賠償方案。相形之下，納粹黨人在當時對猶太人提出的誹謗與抨擊算是相對少見。無可否認，反猶太主義始終存在於納粹運動之中，抑或是摻雜在對「楊格政黨」（Young Parties）的攻擊之中（附圖9）。把票投給希特勒的人都知道他指

附圖9.　一九三〇年九月NSDAP的競選海報：「打倒他們」（左上），「楊格政黨」（左下），「請投九號國社黨」（右下）。

責猶太人導致國家遭遇不幸與苦難，也同意他這麼做。但這並不是使得為數眾多的選民全部動員起來的主要原因[36]。

希特勒對《楊格計畫》緊咬不放的策略讓布呂寧猝不及防。這位總理大人原本希望這場選舉會是以他所提出的經濟政策為主來進行的全民公投，他也堅定地相信，大多數選民都會認同他是解決這場財務困境的不二人選。但是，社會上並沒有掀起有關於此的辯論。八月二十日，布呂寧告誡他手下的大臣：「外交政策主要已經被國社黨給控制。」因此，他呼籲他們「在針對外交政策議題發表聲明時，務必要盡可能保持謹慎。」布呂寧陷入了一場讓他無法全力以赴的政治擂台賽。假如他贊成廢除賠償方案，外國投資人的態度便會因此而搖擺不定；而要是他反對廣受民意支持、企圖終結賠償方案的運動，他就必定會輸掉這場選戰[37]。

選舉結束後，《時報》在其社論篇幅中精闢地概括分析了德國大選出現的變動：「德國人民被號召起來，針對布呂寧內閣所提出的財務及財政政策進行評斷。不過，打從競選活動開跑的第一天起，這項議題便不知怎地被擠到了第二順位。沒人有興趣去觸碰這個敏感的話題，因為這個話題就是跟要求平民老百姓做出新的犧牲，並且對他們強加新的重擔有關……在這樣的情況下，有競選活動選擇瞄準德意志帝國的外交政策來著手，可以說並不叫人意外，他們深知這麼做可以點燃全體選民的情緒，因為這個話題正是能夠讓所有族群就那最無法無天、最蠱惑民心的行為恣意發洩、一吐怨氣的出口[38]。」

納粹在德國北邊及東邊信奉新教的區域擁有特別龐大的勢力，尤其是在鄉下地區。在某些農村，他們的得票率超過百分之五十。不過，他們真正的成功是奠基於他們動員了各行各業的人口，其中有很多人是第一次參與投票。就連傳統上不樂意投票給激進政黨的女性選民，投給納粹黨的比例也跟男性一樣高。希特勒所屬的政黨在勞動階級、工業城市與信奉天主教地區的代表名額不足。然而，在九月的大選中，更叫人驚嘆的成果是，納粹甚至在過去因為社會環境而屬於共產黨、社會民主黨及天主教中央黨的地盤上，爭得了一席之地。他們成功地塑造了一場運動，吸引了各方團體來抗議威瑪共和國的失敗[39]。

有一名《福斯日報》記者參加了納粹黨在柏林舉辦的慶功宴，並驚訝地發現前來向約瑟夫．戈培爾道賀的納粹支持者涵蓋了各形各色的人。「柏林國社黨（即納粹黨）取得了體育宮（Sportpalast）大禮堂的使用權，以便在週日晚上慶祝大選結果開出紅盤。整場慶典人聲鼎沸，場面一片欣喜若狂。該黨的支持者有些闔家出席，有些帶著孩子前來，隨興坐在立於地面的桌板上，而不是一般常見的成排座椅。」

這位記者繼續以一篇幾乎可以算是採用意識流手法撰寫的長文來描述這場活動及其氛圍：

> 在柏林國社黨領導人戈培爾博士現身之時，現場掀起了熱烈的反應。戈培爾發表了一番談話，但是並沒有給出任何有關於其政黨未來政策的確切說法。在每段演說之間，總是穿插播放著音樂。氣氛歡樂、和樂融融。人們揮舞著印有卐字符的小紅旗，一臉神采飛揚。
>
> 現場人士有很多都是受雇者，大概也有很多是公務人員，尤其是有很多女性，年輕女性、學生，以及推銷員。他們可能丟了工作、可能被迫減薪，現在全都盼望著能獲得救助，來自希特勒的經濟救助。令人注目的是，現場也有非常多穿著打扮得體、上了年紀的夫妻，他們顯然是屬於中上階層的人士，有些男士還曾經被授予勳章。這些人背叛了胡根貝格，轉而追隨一個講話聲

> 調較為尖銳刺耳的對象。
>
> 而這些在社會上和經濟上處境各不相同的人們，全都在向過去一個半小時內忙著為數百張明信片簽名的戈培爾喝采。年輕女孩們被他迷得神魂顛倒，眼睛直盯著他看。他是柏林慶功宴上的大明星。面帶微笑地收下玫瑰花束，他由手下幾名年輕男子領著步出禮堂，然後坐上一輛令人稱羨的黑色賓士轎車，那台車的散熱器在花園裡爬滿藤蔓的棚架之下幾乎叫人看不見。
>
> 人群隨後四散而去。在寬廣的半徑範圍之內負責確保體育宮安全無虞的維安團隊並沒有遇上棘手的情況[40]。

隔天，這位納粹黨的宣傳部主席就這同一場活動在日記裡寫道：「我們的人全都開心到瘋了。興奮的程度宛如一九一四年。體育宮變得好似瘋人院一樣[41]。」

第五章　力挽狂瀾

選舉結果令布呂寧總理十分難堪。早在七月多時，他還想當然地以為，這場選舉將能擴大他在政治場上所獲得的支持。想不到，結局竟然恰恰相反，由他率領的政府陷入了以往不曾落居的弱勢處境。大選過後的星期一上午，布呂寧私下會見了幾位部長，討論眼下的新局勢。對話氣氛既萎靡消沉，又透露出一股不服輸的精神，有位與會者敘述道：「在座的男士全拉長了臉，現場氣氛明顯暗示著：『無論如何，都勢必要採取行動』[1]。」

最後，他們決定運用更具威脅性的外交辭令來向國際施壓，因為《楊格計畫》正是造成這場選戰失利的根本原因，此乃不爭的事實。於是，布呂寧派其所屬政黨的主席卡斯教長（Prelate Kaas）前往日內瓦，敦促外交部長庫爾提斯在參與國際聯盟理事會會議時展露出富有攻擊性的挑釁態度。孰料，這項倡議徹底產生了反效果。教長的不請自來令外交部長感覺受到冒犯，因而拒絕修改他的演講內容。他覺得，「柏林的當局者已經喪失了理智」，並且認為這樣見風轉舵的想法很窩囊。「照這樣見風使帆，接下來又該怎麼辦？」面對庫爾提斯的質問，卡斯先生啞口無言。庫爾提斯更進一步表示，「倘若總理堅持要這麼做」，他會動身離開日內瓦。卡斯聞言退卻，隔天一早便搭機返回柏林，庫爾提斯則照著他一貫的作風，如常在會議上發表演說[2]。

那天唯一的好消息是，布呂寧在送卡斯前往機場之後，與興登堡總統會面時，獲得了總統的支持。「秉持冷靜、嚴肅的精神，繼續努力。」這位年邁的陸軍元帥對過去曾經擔任前線軍官的布呂寧這麼說。但是，儘管擁有總統的支持，也無法抹滅納粹黨及共產黨所贏得的勝利。執政黨目前在帝國議會中占有的總席次並未超過兩百席，他們必須要擁有兩百八十八席才算是多數。照現況看來，他們是走投無路了[3]。

次日上午，布呂寧集合內閣成員，舉行大選過後首次的正式會議。依舊沉浸在悲觀情緒中的總理大人沒有提出太多想法，他唯一有所表示的意見就是他不會退位下台。「有些人認為，我們應該將執政的重責大任讓予胡根貝格和國社黨，因為照目前情況來看，這些政黨很快就會撥雲見日。然而，基於維護憲法的原則，我無法認同這個觀點。」因此，他們唯一剩下的選擇就是跟社會民主黨進行非正式結盟。不過，布呂寧在七月企圖通過財政緊縮計畫時，社會民主黨曾經一度讓他失望。這一次，他們會願意追隨他的腳步嗎？情況看似並不樂觀。在九月大選中，社會民主黨有不少票源轉移到了共產黨的陣營，使得他們更不容易與這位性情嚴肅的總理交好[4]。

布呂寧發言完畢後，財政部長迪特里希說明了當前的財政狀況，明確表示現今前景堪憂的程度更勝以往。他透露，資金缺口在八月時已擴大至超出預期。因此，要是不趕緊實施新一輪的財政緊縮計畫，政府將再度面臨現金短缺的窘境。他對同僚說道：「現有的支付方案可以維持到十二月中，在那之後會發生什麼事，我就無法預料了。」勞動部長施泰格瓦爾德（Stegerwald）證實了迪特里希的觀點。他告訴內閣成員，失業保險基金消耗的速度比預期來得更快，要不了多久就會再次變得「岌岌可危」。勞工薪資的撥款捐獻比例必須再度調升，而那將會使得執政黨與社會民主黨合作的機率變得更加渺茫[5]。

投資人也被驚愕得六神無主。《福斯日報》描述了選舉過後隔天上午證券交易所內部的情景。「銀行經理、銀行家，以及交易人都比往常更早來到古堡大道（Burgstrasse），而且引人注目的是，這些所謂的『上流人士』在正式交易開始之前，便已成了眾所矚目的焦點。隨處都可見到焦躁不安的人們成群結黨地討論。想當然，市場早有預料到選舉將會產生極端的結果，只是這次選舉的戰果還是打亂了所有的精打細算。」交易大廳一開門營業，部分股票在柏林證券交易所的跌幅便高達百分之二十。整體的交易氣氛宛如像在變現拋售一般[6]。

不過，令人驚訝的是，這波脫售風潮並沒有持續太久。最快到週一下午，股價便開始回穩，並且連續兩天回升。到了星期三傍晚，股價幾乎已經回到一週前的水準。顯然，社會上形成了某種共識觀點，認為威瑪共和國仍然保有堅韌的實力，足以抵擋得住激進的反對派政黨攻勢。甚至連外國投資人，尤其是來自美國及瑞士的投資方，也重回市場購買德國證券[7]。

然而，復甦的光景並不持久。市場被一種狂躁和抑鬱的氛圍所壟罩。德國報紙於星期五謠傳納粹即將在普魯士發動政變之後，投資人掀起了新一波的悲觀情緒。布呂寧嘗試透過告訴美國記者這是假消息，來安撫躁動不安的市場。普魯士政府也公開否認相關的新聞報導，但徒勞無功。德國證券在倫敦商業區及華爾街湧現戲劇性的脫售趨勢。根據《紐約時報》的報導，這引發了

「自八月初以降最劇烈的降幅」。除此之外，德意志帝國銀行也面臨了外匯存底流失的困境（圖示5.1）。布呂寧業已因為政治僵局及不斷擴大的資金缺口而無暇他顧，現在還得解決迫在眉睫的貨幣危機。德國的苦境是一天比一天更加煎熬[8]。

一九三〇年九月二十二日星期一上午，布呂寧召集了財政部長迪特里希、國務大臣謝弗，以及德意志帝國銀行總裁路德（Luther）一同開會。謝弗在會議中說明，為了防止經濟崩盤，他們急須取得國外貸款。按照他的看法，這筆貸款的金額大約需

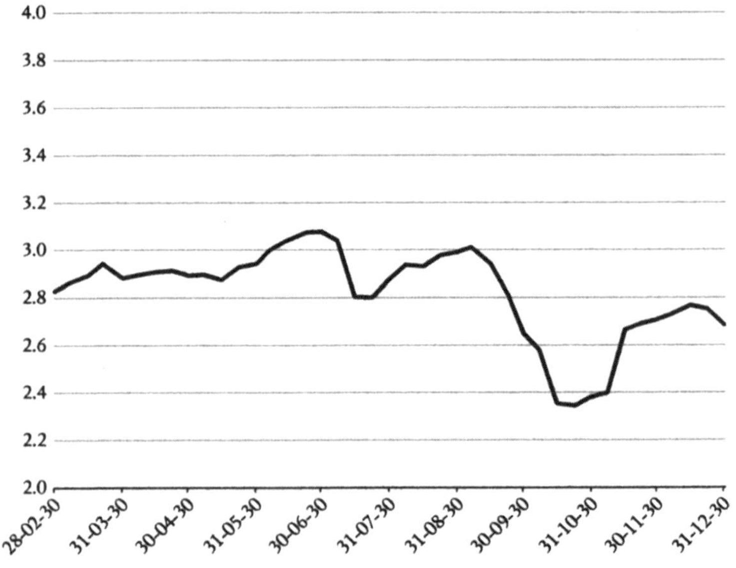

圖示5.1　德意志帝國銀行的外匯存底總額（以十億國家馬克為單位）。

要一億至一億兩千五百萬美元，而就當前的危機狀況來看，應該可以向放款方要求最長於兩年後再開始還款。與會人士對此皆表示同意。謝弗也建議，應該制定一套債務償還方案，以此來確保借款可以按時還清。這一點也再度達成了普遍共識。最後，他們決定要盡快擬定新的財政緊縮計畫。為了填補資金缺口，他們必須降低自現行財政年度起至一九三一年三月三十一日止的虧損金額，並須努力在來年達到預算平衡[9]。

這是一項艱鉅的任務。布呂寧能辦得到嗎？總理國務大臣赫爾曼．普恩德對此抱持悲觀的論點。他認為，德國目前所面臨的慘況，縱使是將惡性通貨膨脹時期也納入考慮，依然是自一九一八年以來最慘淡的年歲：「我從未對未來感到如此焦慮。今日的景況與戰後以來的任何時刻都無法相比。即使是在一九二三年至二四年間的通貨膨脹時期，情況也比今天好，因為當時遭遇到嚴重財產損失的人們能夠理解政府勢必得為此採取嚴厲、激烈的措施，然而今日的民眾卻欠缺這種覺悟[10]。」

因此，當務之急是要找到一家願意借錢給德國的銀行。為此，謝弗再次主動出擊。他還記得在選前的那個夏天，曾經跟總部設立在波士頓的李希金森投資銀行（Lee, Higginson & Co.）的喬治・默南（George Murnane）有過一段對話。當時，謝弗（附圖10）謝絕了對方有意提供的經濟援助，但是沒有把話說死，為的就是怕德國的財務狀況進一步走下坡。然而，這一天已然到來，因為他們已經沒有其他切實可行的選擇了。倫敦市對這筆交易興趣缺缺，另一方面，只要法國政府以強加德國所不願接受的

附圖10.　德國財政部國務大臣漢斯・謝弗。

政治條件來出手干預，要跟巴黎銀行談生意便難如登天[11]。

不過，考慮到德國政治所呈現出的高度不穩定性，李希金森銀行還會願意把錢借給德國嗎？至少，默南同意先進行交涉。而他會願意這麼做，背後是有幾個原因。第一，這家銀行先前已經出借給德國大筆資金，因此不甘願冒險讓德國有理由提早開始拖欠債務。第二，這家銀行在波士頓雖然是一間久負盛名的老字號，也是當地數一數二的金融機構，卻依然打不進華爾街的圈子。默南及其合夥人很希望能將自家銀行提升到與J. P. 摩根公司——位居金融外交（financial diplomacy）統治地位的大佬——並駕齊驅的地位。而德國做為歐洲最重要的經濟體，其市場效應似乎特別有利可圖。第三，李希金森銀行在一九二九年曾經協助瑞典「火柴大王」伊瓦爾．克魯格取得德國火柴製造市場的專賣權，以此替德意志帝國換得一億兩千五百萬美元的貸款。所以，這些美國銀行家十分熟悉也很信任德國的財政官員[12]。

在此期間，德國資金外流的速度仍絲毫未減。布呂寧怒火中燒，對於自己無權掌控媒體感到懊悔不已：「在選舉翌日，關於大選結果所普遍流傳的審慎分析，近來已在社會上形成了一種侷促不安的氛圍。尤其令人擔心的是，就連債券價格也急遽下跌。

政府沒有辦法禁止不負責任的媒體為了製造話題性而利用有人企圖發動政變的謠言來引發公眾的焦慮，著實教人苦惱。」到了九月二十四日星期三，德意志帝國銀行的黃金存量及外匯存底比起選舉當天已減少了百分之十。各界對於德國貨幣所抱持的信心大幅降低[13]。

次日，又傳出了其他的負面新聞，叫投資人心神不寧。為了替三名在德意志國防軍隊內部宣傳納粹精神而被控叛國罪的軍官辯護，阿道夫・希特勒在位於萊比錫（Leipzig）的最高法院發表的證詞中提到，納粹一旦掌權，「必將祭出斬首重罰」。這則消息震驚了全國上下。內閣甚至還因此中斷會議，特地向萊比錫求證這句傳言字字屬實。柏林證券交易所的股票價格重挫。當天稍晚，華爾街的反應也是一片低迷[14]。

德國與李希金森銀行的磋商始於一九三〇年九月二十六日星期五，此時距離大選結束已經過了將近兩週的時間，德國處境極為弱勢。美國銀行家清楚表明，他們想要以高利率來做為向危機四伏的國家提供信用貸款的交換條件。他們也拒絕等兩年之後才開始回收款項，並且堅持採用將借貸金額分成三期、每六個月按期還款的償付方案，作為交換，德國可以使用公債來做為抵押。

此外，為了進一步確保德意志帝國確實能夠還清債務，他們也要求德國政府在財政政策方面做出某些承諾[15]。

九月二十八日星期天，謝弗做出了令美國銀行家滿意的答覆。然後，讓人完全意想不到的是，事情的發展明顯有了起色，有法國銀行對於參與借貸一事表達了興趣。作為替柏林擴展其政治支持的策略之一，李希金森銀行設於巴黎的子公司主動表達了放貸意願。這個做法甚至獲得了法國政府的支持，原因是法國政府擔心一旦危機失控，布呂寧將會選擇延期支付《楊格計畫》所規定的賠款。塔迪厄與白里安也試圖緩和媒體的態度，並且勸導法國銀行停止從德國撤資。法方似乎是真心誠意地想要給予協助[16]。

現在，德國與李希金森銀行的交涉進入到了下一個階段。美國銀行家再次擺出主導者的架式。除了重申他們將會收取百分之六的高額利率，也要求債務償還法案必須經由議會多數票表決同意，而不得以憲法第四十八條作為依據。德國別無他法。十月四日星期六上午，謝弗懇請內閣成員速戰速決。「假使資本流失的速度維持不變，德國銀行將不得不向民間機構收回貸款。」他向布呂寧及其他部長提出警告。「這將會導致許多中小型企業出現倒閉潮。」事態變得十分危急。早在幾天前，財政部官員便曾暗示，德國債權人可能不會回購即將於十月六日和十日到期的公債。財政部長迪特里希為此感到心煩意亂，慌張得不知所措[17]。

布呂寧認同謝弗的提議，決定接受美國銀行家所提出的新要求，並且打算立即簽署貸款協議書。豈料，法方卻突如其來地要求德國做出比債務償還法案通過議會支持一事更加困難的附加保證。此番要求令布呂寧無法接受。為了挽救這場交易，德國準備派遣一隊由資深官員所組成的代表團前往巴黎。而在一分機密的會議備忘錄中，他們列出了德國協商代表所應該透露和必須隱瞞的內容。最重要的一點是，財政緊縮配套措施和國外貸款之間不得有掛鉤。該分備忘錄陳述道：「要是給人這樣的印象，讓人以為財政緊縮配套措施是因為受到外國施壓才實施的政策……國民便不可能會接受。而在這樣的情況下，任何議會都不可能通過如調降公務員薪資、限縮聯邦州和自治市的自主權，以及中斷對失業保險基金的補貼等嚴厲措施。」顯然，布呂寧和他的心腹從選戰中學到了教訓——永遠不要讓反對派勢力有藉口去責怪政府屈服於外國勢力的要求，從而導致國內的危機加劇[18]。

令人訝異的是，這場交易有望談成的可能性忽然急轉直上。翌日，法國政府的態度出現一百八十度大轉彎，在無須附加但書的情況下即准許放貸。法國官方甚至建議另外兩家法國銀行也加入放貸的行列。德國代表團因而取消了前往巴黎的行程。謝弗也收到令人安心的消息，指出「只有政治圈人士還在擔心這筆錢可能讓希特勒得益」。謝弗的消息來源向他表示，整個法國金融圈，包括法蘭西銀行（Banque de France）在內，都齊心支持與德國交易的想法[19]。

與此同時，內閣成員加緊了腳步，不分晝夜地商討財政緊縮措施的具體方案，並於九月二十九日星期一傍晚，通過了一項計畫。這項計畫的目的是要減少當前財政年度的虧損情況，並且致力在一九三一年四月至一九三二年三月之間的財政年度達到預算平衡。計畫內容包含將公務人員的薪資調降百分之六，興登堡、布呂寧、各部部長及議會代表的薪水調降幅度則為百分之二十。這項計畫也涵蓋了一系列削減開支的措施，並提高菸品稅，也保留了七月首次引進財政緊縮計畫時引發爭議的百分之四緊急徵稅規定。總體而言，調降薪資及削減開支的做法一共節省了十億國家馬克，比德意志帝國所編列預算的百分之十還多。除此之外，勞工為失業保險基金捐獻薪資的比例 口氣從百分之四點五調升為百分之六點五，德意志帝國也為此額外挹注了兩億國家馬克。

而為了減輕實施財政緊縮配套措施所帶來的經濟收縮效應，德國政府承諾將於未來數年內在公寓建設及運河建造上投入數億國家馬克的資金[20]。

接下來，便是要為社會大眾做好接受一切殘酷現實的準備。布呂寧鼓勵所有部長在官方發布公告之前先安撫好新聞記者。十月一日，迪特里希和施泰格瓦爾德告知了媒體這項計畫。根據德國銀行家雅各布·戈德施密特自紐約傳回的消息，這項公告在部分美國投資人心中留下了很好的印象。但是，就國內的情況來看，德國民眾的反應卻十分激烈。就連一向支持布呂寧的《福斯日報》也參不透「政府以為議會對於這項計畫的接受度會有多高」。這篇報導也指出，內閣成員自行擬定了這項計畫，儘管他們在帝國議會中僅占有少數席位。「就像是叫三重唱樂團來表演四重奏一樣」。見識到政治圈的反對聲浪，讓普恩德有理由繼續固守悲觀主義，並再次於日記裡寫道，未來令他「無比焦慮，自一九一八年以來從未感到如此絕望[21]」。

為了了解要如何在財政緊縮配套措施及債務償還法案的議題上集結多數人的意見，布呂寧頻頻與各政黨領導人會面。漸漸地，他隱約感覺到，社會民主黨最終還是會為他背書，儘管該黨內部就財政緊縮措施方面的看法仍有分歧。因此，當布呂寧於一九三〇年十月六日星期天，在友人戈特弗里德·特雷維拉努斯的公寓裡與希特勒、威廉·弗里克（Wilhelm Frick），以及格雷戈爾·史特拉瑟（Gregor Strasser）會面，他自認為不須要跟納粹黨員合作。而這讓布呂寧握有強勢的地位[22]。

戈培爾認為，希特勒和布呂寧的會面是一場大成功。他在日記裡寫道：「我在家裡等電話。深夜時分，長官和弗里克從布呂寧那兒回來了。他們進行了一場以原則為基礎的漫長辯論。特雷維拉努斯也在那裡。我們繼續堅守反對立場。感謝老天。不過，這個帝國議會只會存在短暫的時間。希特勒似乎給布呂寧留下了極為深刻的印象。他簡直樂不可支。事情開始有所進展了。[23]」

相反地，布呂寧在他的回憶錄中寫下的卻是截然不同的描述。他寫道，他試著引起希特勒對於他打算在未來兩年之內中止賠償方案、解決繳械裁軍問題，以顛覆《凡爾賽條約》一事的興趣。他也向希特勒說明，為了預防災難性的金融危機，德國必須在短期內取得國外貸款。然而，希特勒做出的回應與布呂寧說明的內容卻是八竿子打不著。他拉大了嗓門，滔滔不絕地長篇大論了一個小時，甚至在唱著軍歌的SA部隊（納粹黨的武裝組織，又稱為褐衫隊）每隔十五分鐘繞進特雷維拉努斯的公寓所在的街道時講得更大聲。布呂寧對他絲毫沒有好印象：

> 他完全沒有論及有關任何未來政策的基本問題，這也就是說，他完全沒有在考慮那顯然已經超出他理解能力範圍、橫跨數年的財務計畫。他屢屢提到「殲滅」這個詞，第一次提及時是針對社會民主黨，再來著眼的對象是反動派勢力，最後則是將矛頭指向了法國和俄羅斯，他稱前者為世仇，視後者為擁護布爾什維主義的大本營。

針對德國在納粹黨贏得選舉之後，已經流失超過五億國家馬克的資金，如今要如何向李希金森銀行爭取貸款一事，布呂寧提出的質問仍然未能促使對話再度聚焦。希特勒繼續就他的地緣政治學計畫高談闊論了一個小時。心灰意冷的總理大人於是斷定，希特勒定將貫徹他一貫「先掌權，後執政」的原則，就此結束了談話。特雷維拉努斯與布呂寧所見略同：「道別時，希特勒保證，他的新聞記者不會對身為此次會議東道主的我們做出任何人身攻擊。我們沒有向他表示謝意。這第一次的會面並未令我心馳神往，我反而覺得，他臉上的特徵和那粗嘎的喉音令人反感[24]。」

布呂寧所記錄的內容究竟是真是假，現已難辨真偽，畢竟他的回憶錄被後人認為並不可信。不過，當時他與希特勒的觀點不一致，也完全不贊同納粹黨的立場，這一點倒是無庸置疑[25]。兩天後，時間來到十月八日，布呂寧向興登堡總統說明，納粹黨人毫無責任感地提議即刻修訂賠償方案，並且宣布延期償付賠款。「明明知道這樣的建議會造成極為嚴重的後果，納粹黨重視的議題仍與我方有著根本上的差異。就目前來看，不可能跟他們合作。」布呂寧說的沒錯。面對眼前的危機，嘗試提起任何與賠償方案有關的議題，都有可能導致德國的貨幣與金融體制崩塌。布呂寧也向總統暗示，社會民主黨可能會在帝國議會中為他撐腰。興登堡對總理的策略表示贊同，儘管他不喜左翼分子。為了取得國外貸款並終結危機，在政治圈內所須集得的多數派人馬，總算快要湊齊了[26]。

然而，不幸的是，一九三〇年十月八日，就在布呂寧與興登堡會面的那天，法方又再度改變了心意。李希金森銀行的湯瑪士．麥基特里克（Thomas McKittrick）自倫敦傳來消息，表示法國銀行若未取得其政府同意，便不得參與這場貸款交易。法國當局又再一次禁不住誘惑，想要利用德國依賴外國資金的弱點，來對其強行施加政治條款。現在，事情可棘手了。十月九日星期三，在法國出爾反爾的隔天，德意志帝國銀行為了遏止資本外逃，將官方利率由百分之四調升為百分之五。九月中旬大選之後的三週內，德意志帝國銀行的黃金及外匯存底總額已經從二十九億四千萬國家馬克降低為二十三億五千萬國家馬克，損失幅度接近百分之二十。覆蓋率（cover ratio），亦即黃金及外匯存底相對於所有流通貨幣的占比，也從百分之六十九下降為百分之五十七，而且很快就會低至金本位制所規定的百分之四十下限值。而在十月九日當天，德國政府也公布了最新的失業人口數字，顯示全國有超過三百萬人面臨失業問題。失業人口增加的速度雖然沒有想像中來得快，數字還是不斷地上升，截至年底已超過總勞動力的百分之十五。其中又以採礦業、金屬業、伐木業，以及部分紡織業的失業情況為最嚴重。在各大城市，為窮苦人民提供免費食物的施食處大排長龍，已成為尋常百姓的日常風景[27]。

布呂寧的處境也因為威瑪共和國最具爭議性的人物之一、金融家哈爾馬．沙赫特的舉動，而變得更加複雜。沙赫特生長自一個經濟水準普通的家庭。他的父親是一名業務，起先在美國工作，後來才到德國北部；他的母親擁有丹麥血統，結婚時沒有帶上多少嫁妝。經過一段時日之後，父親的薪水達到了中產階級的水準，足以資助兒子的學業。沙赫特於一八九九年自柏林大學畢業，取得經濟學學位，便進入德勒斯登銀行（Dresdner Bank）就業，並在第一次世界大戰期間成為了國家銀行的董事。一九二三年，他被任命為德意志帝國貨幣專員，並在終結惡性通貨膨脹及籌劃貨幣改革方面，扮演了關鍵性的角色。沙赫特在一夜之間變成了赫赫有名的人物，在德國及其他地方均享有如神話般的盛譽。作為獎勵，他在一九二四年被指派擔任德意志帝國銀行總裁，從此成為了柏林及國際舞台上，尤其是對英國和美國最具影響力的政策制定者之一。他的全名哈爾馬・霍勒斯・格里利・沙赫特（Hjalmar Horace Greeley Schacht）這個名字雖然有著猶如世界主義者的氣質，但他其實是個不折不扣的德國人（哈爾馬是他的丹麥裔外婆取的名字，霍勒斯・格里利則是沙赫特思想開明的父親早年在美國生活時，曾經景仰的一位美國著名共和黨黨員及廢奴主義者的名字[28]）。

另一方面，這個戴著夾鼻眼鏡、總是面露苛刻神情的男人，也因為個性傲慢自大以及在政治場上恣意妄為的癖性而臭名遠播。戰後，他和其他人聯合創立了左派自由的德國民主黨，但是隨後便於一九二六年背棄了這個政黨，立場逐漸傾向極右派。到了一九三三年一月，希特勒重新任命他擔任德意志帝國銀行總裁。沙赫特是一九二九年參與《楊格計畫》協商過程的專家委員會成員，但是隨後他便於一九三〇年初辭去了德意志帝國銀行總裁的職位，並且主張德國政府沒有盡全力針對最終版本的計畫內容去進行交涉。只是，平心而論，他自己也沒能提出其他切實可行的解決之道。

沙赫特接著去了美國，他接受了國際教育協會（Institute of International Education）大手筆的優厚邀約，答應在十月和十一月舉行超過二十八場演講，每場演講的報酬為兩百五十元美金。不過，身為一名狂熱的愛國人士，真正令沙赫特感興趣的，其實是藉由演講來攏絡美國的社會輿論，使其傾向於支持德國。當然，事前已經有不少友人警告過他，在公開發言的場合不要太直言不諱。像是歐文・楊格便曾於一九三〇年八月中旬寫信告訴沙赫特：「單純的平民百姓可以在美國自由地談論很多事情，但是……有些事情是你不能說也不應該說。」德國政府知道沙赫特即將赴美旅行，也試著要安撫他。一九三〇年十月一日，沙赫特還在橫渡大西洋的途中，布呂寧便向他發了一封電報，知會他政府與李希金森銀行正在交涉的事宜。在他抵達紐約後不久，德國總領事即在瑞吉酒店（St Regis Hotel）的屋頂花園宴請他共進晚餐，以便製造談話機會。可惜這全都是白忙一場。沙赫特還是決定要照著他原來的稿子去念[29]。

沙赫特和妻子以及即將在芝加哥第一國民銀行（First National Bank of Chicago）任職一年的二十歲兒子延斯（Jens），在搭乘漢堡－美國航運公司（Hamburg-American Line）的郵輪堅定號（Resolute）抵達紐約後，隨即接受了美國媒體的擴大專訪。這位前德意志帝國銀行總裁在採訪過程中拋出了直截了當且引人擔憂的訊息：「你們不可以過分強調政治局勢，應該要更加看重經濟情況。如果德國人民挨餓，那就只會誕生更多希特勒而已。不要以為你們可以用對待德國人民的方式去對待一個民族十年的時間，這個民族的人還會繼續對你們保持微笑。你們喜歡被關在監獄裡待十年嗎？把這些話告訴你們的人民。所有人都在高聲吶喊要德國人講理。我告訴你們，該講道理的是這個世界。我們可是很講道理的[30]。」

最令人擔心的是，沙赫特還表達了他認為《楊格計畫》遲早必須進行修正的看法。在德國政府正與美國銀行協商談判的這個當口，發表這番聲明很有可能會引發不良的後果。第二天，沙赫特甚至口無遮攔地在亞斯特飯店（Astor Hotel）告訴一群聽眾，德國根本沒有能力支付賠款，即便德國即刻要求延期償付《楊格計畫》所規定的所有款項，那也是情有可原。沙赫特更表示，布呂寧總理有責任給予協約國接納德國處境的「最後機會」，並使其得以透過可行的方式來幫助德國實踐應盡的義務。布呂寧立刻做出回應，公開否認德國有意規避支付賠款。可惜，此舉效果不大。比起在美國知名度不高的德國總理，美國民眾聽見的是沙赫特的聲音[31]。

然而，還有一件事對布呂寧終結金融危機的計畫構成了威脅。一九三〇年十月五日星期天，由過去曾經擔任前線士兵的軍人所組成的右翼準軍事組織「鋼盔軍團」，在最近獲得「解放」的萊茵河沿岸城市科布倫茲群起聚集。這場聲勢浩大的集會令法國民眾陷入一片恐慌，有兩名任職於李希金森銀行的銀行家從巴黎來到柏林，告知德國政府這個消息。他們主張，這有可能促使法國進一步自德國撤資。此外，興登堡於十月十日和十一日二度前往萊茵地區的慶祝行程，吸引了大批人潮聚集在亞琛

（Aachen）和特里爾（Trier）兩地，也更加深了法國的恐懼[32]。

就在這個節骨眼上，法方確定要退出協商過程，不再向德國出借資金。當然，法國政府並未公開回絕這場交易，只是向德國派來巴黎的專員暗示，雙方仍有許多議題必須優先處理，德國官員便明白此事已成定局。原因十分簡潔明瞭：雖然法國銀行、法蘭西銀行及法國政府都願意借錢給德國，但是他們無法忽視法國的社會輿論被帝國議會的選舉結果、鋼盔軍團的集會、興登堡的出行，以及其他象徵德國沙文主義再度盛行的徵兆給攪和得動盪不安的事實。幾天之後，一名曾與法國央行行長莫羅（Moreau）談話過的德國銀行家告訴謝弗，法國銀行很害怕一旦加入放貸行列，就會有示威者要來砸窗戶。莫羅也相信，塔迪厄內閣會因此垮台。「你無法想像，現在法國的氣氛變得有多麼令人焦躁不安。」他對那名德國銀行家這麼說[33]。

法國撤資是一則令人擔憂的警訊。但諷刺的是，德法關係的惡化竟然幫助柏林與李希金森銀行達成了協議。一九三〇年十月十一日星期六深夜十一點，就在法國投下「反對票」的一天後，雙方簽訂了合約。除了李希金森銀行，還有二十二家美國銀行、一間加拿大銀行、三間瑞典銀行、二十三間德國銀行，以及由位於阿姆斯特丹的數家德國銀行所組成的國際財團來參與這項交易。這筆貸款的金額總計為一億兩千五百萬美元，以德意志帝國發行的短期政府債券做為抵押，並且是以黃金價格做計算，目的是為了防止德國未來再次經歷通貨膨脹，或是國家馬克貶值。這筆貸款必須分成三期償還，最後一期的到期日訂在一九三二年十一月，而其有效利率大約為百分之六。經過幾番折騰，布呂寧終於看見了在隧道盡頭處的一線曙光[34]。

不過，帝國議會會對此表示贊同嗎？首波跡象看來並不樂觀。德國人民黨公開表達了反對黨內成員、外交部長庫爾提斯的立場，並且要求延期償付《楊格計畫》所規定的賠款項目。十月十一日星期六，在經過一場激烈的爭論之後，農業部長馬丁·席勒辭去了國家農業聯盟，此即德國最重要的農民壓力團體（pressure group）的榮譽主席之位。十月十三日星期一，經濟黨決定撤除黨內成員、司法部長約翰·維克多·布萊特（Johann Viktor Bredt）的內閣職務。雖然最後由於興登堡總統公開給予支持，布萊特並未就此下台，但是這段插曲卻進一步削弱了總理的地位。最終，由胡根貝格所率領的德國國家人民黨示意，他們將會投票反對布呂寧內閣的決議[35]。

從另一個角度來看，政治圈內也捲起了幾波強勁的支持趨勢。胡根貝格所發起的抵制行動沒有產生預期的效果，反而激怒了興登堡總統，促使他相信必須主動向社會民主黨靠攏。相對來說，胡根貝格的抵制行動也使得社會民主黨承受到更大的壓力。如果想要維持威瑪共和國的命脈，他們勢必得支持布呂寧。社會民主黨的領導人為普魯士內閣首長奧托．布勞恩（Otto Braun），而普魯士顯然是在德意志帝國之內占地最廣的國家，涵蓋德國總人口的百分之六十。在布勞恩的領頭下，社會民主黨與左翼自由開放的德國民主黨，以及布呂寧所屬的天主教中央黨締結了聯盟。布勞恩性情溫和、富有領袖氣質，而且意志堅定果斷。在帝國議會召開的前一天，興登堡邀請布勞恩前來談話。布勞恩向其說明，儘管未能獲得黨內多數成員的認同，他依然會徹底支持改革計畫。法國外交部長阿里斯蒂德．白里安不僅公開聲援布勞恩，更是直接勸告社會民主黨員應支持布呂寧。最重要的是，由聯邦州所組成的上議院幾乎全數贊成為了取得國外貸款所須通過的債務償還法案。唯一棄權的，只有包含納粹黨在內的右翼聯盟根據地圖林根（Thuringia）州[36]。

儘管如此，新一屆帝國議會首次召開會議的開頭，仍然預示了布呂寧試圖終結危機的計畫恐怕還是前途多舛。首次開會雖未涉及投票程序，議場內的氣氛卻打從一開始就瀰漫著肅殺之氣。即使有違議會規定，共產黨員及納粹黨員依舊各自穿著其政黨制服出席。而在討論到新一屆帝國議會主席選舉時，這兩個激進政黨之間對立的敵意幾乎化成了實質的打鬥。《福斯日報》對現場情況做出了以下報導：「口水戰越演越烈。褐衫隊不斷往議場中央推擠，共產黨員也朝著對方示威行進，兩派人馬擠成一團，不斷對彼此撂下重話，衝突看似一觸即發[37]。」

發生在帝國議會以外的情況，甚至更加令人震驚。《福斯日報》將之形容為「可恥的場面」。聚集在帝國議會外圍的群眾當中，摻雜了好幾名屬於納粹黨準軍事組織的衝鋒隊成員，這些人開始在附近的購物區域聚眾鬧事。「接受過特殊指導的軍事小組擊碎了特定商店的展示櫥窗，他們不是隨機犯案，而是帶有明顯的恐怖主義目的。」希特勒火速嘗試向社會大眾保證，納粹分子並未參與這些暴力行為。然而，警方於翌日表示，在遭到逮捕的一零八人中，有四十五人是納粹黨成員，另有五十五人為納粹支持者[38]。

儘管爆發了騷動，布呂寧和社會民主黨的非正式結盟還是挺過了第一場考驗。開會第二天，社會民主黨員保羅．勒伯（Paul Löbe）以明確的六十票之差，再度當選帝國議會主席。與此同時，奧托．布勞恩也設法保住了普魯士國會的多數票，成功逼退了極端好戰的納粹黨及共產黨反對勢力。選舉前一天，由於激進政黨在國會大廈裡暴動滋事，使得演講到一半的布勞恩甚至連話都沒辦法講完[39]。

一九三〇年十月十八日星期六，帝國議會召開了關鍵性的一場會議。經過十一個鐘頭的辯論之後，債務償還法案的投票表決結果出爐，隨之引起了激烈的騷亂。納粹黨人不斷齊聲吶喊：「社會民主黨是叛徒。」待其喊聲暫歇，便輪到共產黨員怒吼：「打倒社會民主黨！」接著，納粹分子高唱SA軍歌：「覺醒吧，德國！」共產黨員則高舉著拳頭，演唱起《國際歌》（The Internationale）。這些呼嘯與抗議的歌聲全都無效。多虧有社會民主黨拔刀相助，布呂寧打了一場漂亮的勝仗——三百二十五人贊成，兩百三十七人反對。爭取國外貸款一案，終告塵埃落定。此外，帝國議會也以幾乎相同的票數差距駁回不信任投票，否決了以迅速修訂《楊格計畫》為宗旨的幾項提議，並且決定休會至十二月上旬，正好讓布呂寧有時間援引《威瑪憲法》第四十八條來實施財政緊縮計畫。總理大人贏得了壓倒性的勝利[40]。

國務大臣普恩德在他的日記之中如釋重負地寫下「圓滿成功」。他的極度悲觀主義經事實證明是一場錯覺。短短一個月內，布呂寧終結了貨幣危機，重振各界對德國經濟的信心，並證明了「內閣及帝國議會皆已恢復行事能力」，一如《福斯日報》所做出的高分評論。大選慘敗的下場驅使布呂寧和社會民主黨締結了重要的非正式結盟，以此作為打倒威瑪共和國宿敵的有效祕技。然而，布呂寧的勝利也被認為是議會民主制度開倒車，走向專制政體所致的結果。帝國議會休會即意味著，行政部門將能獨攬更大的權力。繼十月會議之後，帝國議會未來若未取得內閣首肯，將無法再度集合召開會議[41]。

第六章　「繼俾斯麥以來，第一位名符其實的總理」

布呂寧的勝利令投資人欣喜若狂。「德國政府在星期六贏得帝國議會的支持，瞬間為證券交易所注入了新生命。」《泰晤士報》在柏林做出了報導。楊格債券的價格在兩週之內上漲百分之五，隨著德國資金回流，德意志帝國銀行的黃金存量及外匯存底總額也回升到了安全的水準。國家馬克的幣值浮動情況暫且得以保持穩定[1]。

然而，事情並沒有回到常軌。被驅散的只有近在眼前的恐慌，由於政治騷亂而再次造成信心下滑的恐懼始終存在。因為這個原因，使得德意志帝國銀行的官方利率依然維持在百分之五，縱使英格蘭銀行（Bank of England，即英國的央行）、法蘭西銀行及紐約聯邦準備銀行（New York Fed）已將其利率調降為百分之二到三。 更重要的是，布呂寧總理被迫必須繼續實施財政緊縮政策。為了滿足《楊格計畫》所規定的條件，德國必須在經濟衰退與物價下跌的雙重夾擊下，努力取得財政盈餘和貿易順差。取得財政盈餘的目的是為了替賠款方案提供資金；賺取貿易順差則是為了要獲得必須償還給債權國的外匯存底。

這個時候，若是可以再多取得一筆國外貸款，便能減輕這些限制。不過，有鑑於德國的政治情勢不穩定，很難想像李希金森銀行或是任何其他銀行會有意願提出新的交易方案。而另外一個有可能擺脫桎梏的選擇，便是宣布延期支付賠款項目。《楊格計畫》很明白地留有這條後路可以走。但是，即使是遵循合法、正確的途徑，求助國際清算銀行（BIS）的特別諮詢委員會來宣布延期償付，金融危機也將繼之發生。投資人一定會斷定，德國將拖欠債款。布呂寧很清楚地了解到，援用這項條款將會導致事與願違的後果。「召開特別諮詢委員會將對我國的信用造成最嚴重的打擊」，他在一場內閣會議中做出解釋[2]。

但是從另一方面來看，假使布呂寧為了履行《楊格計畫》，而持續施行一項又一項的財政緊縮配套措施，危機將會逐漸加深，反對的聲勢也會日漸增強。希特勒對威瑪政體發動的言語攻擊從來不曾間斷，他不只是藉由納粹報刊來行其道，自從大選以來，他也會透過外國媒體來發言抨擊。九月底時，希特勒受邀為英國最受歡迎的報紙之一、由人稱「艦隊街男爵（Baron of Fleet Street）」的比弗布魯克勳爵（Lord Beaverbrook）開辦的《週日快報》（*Sunday Express*）撰寫意見專欄。在該篇專欄的前幾段中，希特勒很認真地把自己刻畫成一名以保護自由世界為己任、富有遠見的德國政治家：

> 別讓這個世界欺騙自己。德國若不是將再度成為一個自由的國家，就是會在對於任何未來的發展都失去信心的情況下，投入布爾什維主義誘人的懷抱。
>
> 那並非只是區區片面之詞，不是威脅，也不是預言，僅是在陳述事實，以及訴說德國人民的看法與心境而已。在柏林，沒有其他政治家或政客能像我一樣懂得這樣的心情。
>
> 　　與訂下無法實行的層層條款，導致德國世世代代必須背負難以承受的重擔的那些民族相比，德國民眾在自由和生存權利，以及布爾什維主義之間，沒有多少選擇的餘地。
>
> 　　假設有人刻意迫使一個民族走向貧窮，這個民族便

注定將在政治上轉變為無產階級。這就是發生在今天德國身上的情況。

九月十四日舉行的德國大選就是一則警訊。它撕開了面紗，揭露了德國精神的一部分。

接著，他對《凡爾賽條約》和《楊格計畫》祭出批評，並將納粹黨描寫成為了捍衛德國人民的合理權益而努力奮鬥、唯一誠實可信的政黨：

政府對著有耐心、肯努力、認真勤奮、愛護秩序的德國百姓一而再、再而三地開出空頭支票。年復一年，環境越變越糟糕，負擔越變越沉重，日子越過越苦，未來越來越沒有希望。我們的人民對口頭承諾和空口說白話的人失去了信任，對原來的政治領袖及政黨失去了信心。假如德國民眾必定要對其所選擇的未來喪失信念，那將無可避免地導致最嚴重的發展。

國家社會主義黨是自德意志民族的苦難之中誕生。我們的宗旨、我們的目的就是要將德國從形同於奴役的

> 政治及經濟條件中解放出來。將它從既不公不義、又令人無力負荷的重擔，從任何國家、任何民族都不應該代代承襲的重擔之中解放出來……我和國家社會主義黨，都不是德國的危險因子。真正會構成威脅的是那些每次談到德國民眾胸中所滿溢的情緒時，總愛誤導國內外人士的德國政治家、政治黨團，以及報紙刊物。

在這篇評述的結尾，他再次向債權國發出警告，並且幾乎不加掩飾地邀請讀者支持他的政黨：

> 歐洲正在經歷歐洲史上最嚴重的危機之一。《凡爾賽條約》和《楊格計畫》即是這場危機的核心，若是繼續繞著這個核心發展，大多數的危機均將於未來數年之內循環重演。不要以為毀滅德國、讓布爾什維主義侵蝕德國之後，歐洲其他地方還能安然無恙。那是愚昧的想法。德國人民不會麻木地順從敵人有意或無意強加於自身的悲慘命運。感謝上蒼，德國人民不懂得何謂聽天由命。他們擁有決心和意志。德國民眾一旦團結起來、接受正

> 確的引導，便將得以生存，並能為世界帶來益處。我對德國人民抱有無限的信心。我的目標是要讓他們獲得自由。那就是我的使命[3]。

除了納粹黨，還有社會民主黨工會聯盟也公開提倡修訂《楊格計畫》。一九三〇年十月，工會聯盟發表了一篇聲明，明確表達其立場：「德國必須支付給債權人的數十億美元，不僅僅是造成德國龐大失業人口的原因之一，更是擾亂全球經濟的主因之一。因此，基於經濟因素，我們應當運用政治家的才能來消除這些妨礙全球經濟健全發展的障礙[4]。」

布呂寧身陷四面楚歌的境地。他唯一能夠期盼的，就是債權國可以理解到德國的情況有多麼嚴重，並且願意重新商議一分新協定。可是，這分期盼有可能實現嗎？

選舉結果揭曉之後，法國確實有左派人士要求強化與德國的合作關係，但是這些人只占了少數。社會上普遍還是認為，德國不需要任何協助，它只須要整頓好財務狀況就行了。造就這種強硬態度的原因之一是，法國還沒有感受到經濟蕭條所產生的影響，因此並不是真的了解德國所面臨的情況。除此之外，也有許多法國人害怕渴望收復失土的德國，可能會為了報仇而謀劃發動另一場戰爭。幫助他們，就只是徒增反動派勢力而已[5]。

依循法國社會的整體氛圍，親政府報刊《時報》向萊茵河對岸發出了明確的警告。希特勒要在大選中獲勝，須要具備「謹慎、警覺、堅定」等素質。《時報》寫道：「德國不可以犯下任何錯誤，歐洲亦然。」法國右翼媒體的報導甚至更具批判性。《費加羅報》表示，德國的選舉結果顯示，法國的綏靖政策一敗塗地：「德國的選舉只有『復仇』一種意義，換句話說，就是戰爭。」它主張：「從歷史的角度來看，每一個長期握有軍事霸權的強國在失去領導地位之後，都會用盡一切手段來奪回支配權。德國的所作所為與一八一五年以後的法國並沒有什麼不同[6]。」

有鑑於此，法國政府無論想不想助布呂寧一臂之力，都沒有太多選擇的餘地。白里安與塔迪厄唯一能夠做的，就是向德國提供長期借貸，以交換其在政治立場上的妥協。而法國確實曾於一九三〇年九月十九日，也就是大選結束的四天後，在日內瓦舉行的國際聯盟理事會會議上主動提出這項倡議。白里安在一次與德國外交部長庫爾提斯對話的過程中，重申了他的立場。在距離海牙大會落幕及法軍撤離萊茵地區為期尚短的時間內，法國政府不會同意修訂《楊格計畫》，但是願意邀請德國一起談談向法國長期貸款的事宜。果不其然，德國對此完全不感興趣。有些德國報紙甚至針對「借貸風險」提出警告，懷疑法國是為了避免修訂《楊格計畫》，而企圖限制德國的行動。就連身為國際主義者的漢斯．謝弗也對白里安的借貸提議抱持懷疑態度。他在日記裡寫「現在不要」[7]。

白里安的提案失敗之後，德法之間的協商便因為塔迪厄內閣垮台而完全終止。導致塔迪厄失勢的直接原因即是烏斯特里克事件，這起事件是根據一位法國企業家及銀行家的姓氏來命名。阿爾伯特．烏斯特里克（Albert Oustric）的專長是為客戶進行公司重建及調整，並且代表客戶進行投資，在他的客戶當中，有許多人是涉足各種不同行業的小型儲戶。一九三〇年十月，由於他持有股份的部分公司倒閉，導致他那高度舉債的企業集團面臨周轉困難。許多小型儲戶因而受到牽連，自覺遭人詐騙。塔迪厄本人並沒有參與任何不法情事，但是在他手下任職司法部長的拉烏爾．佩雷特（Raoul Péret）卻妨礙了有關烏斯特里克的控告。十一月二十一日，眾議院委任調查委員會探查這起事件的政治關聯性。十二月四日，在參議院投票結果失利之後，塔迪厄辭職下台。顯然，不是只有反對派人士，就連某些原先的支持者，也厭倦了塔迪厄強硬粗暴、專制獨裁的作風[8]。

塔迪厄退位之後，法國有長達數週的時間都無法組建出一個穩定的政府。總統加斯東・杜梅格（Gaston Doumergue）首先要求擁有中間派思想的無黨籍人士路易・巴圖（Louis Barthou）來成立能夠攏獲多數票的新內閣，但他失敗了。杜梅格接著號召曾經在塔迪厄執掌內閣時期擔任勞動部長的無黨籍人士皮耶・拉瓦爾（Pierre Laval）。這一次，同樣也沒能取得多數票同意。泰奧多爾・斯泰格（Théodore Steeg）於十二月中旬出任總理，但由他領導的政府卻在幾個星期之後倒台。最後是到了一九三一年一月底，由拉瓦爾再次出馬才成功組成了穩定的內閣，不過此次的內閣成員基本上是依照舊有的內閣名單改組而成。塔迪厄變成了農業部長，白里安和馬奇諾則是重回昔日崗位，分別擔任外交部長和陸軍部長。現在，法國又可以再度與德國進行協商，只不過中間白白浪費了三個月的寶貴時間。

相較於法國，英國媒體對於德國的處境展露出了更多的諒解。儘管如此，絕大多數的評論者還是認為沒有必要減免債務，並且期望德國會有辦法克服危機。《泰晤士報》相信，「事實終將證明，目前僅只是德國政治的過渡期，對現階段做出過於險惡的詮釋乃是不智之舉。不變的事實是，在新一屆的帝國議會中，民主政府的秩序與穩定依然占有主要優勢，並不亞於先前的帝國議會。」《經濟學人》雖然明確指出賠償方案、經濟危機與政治激進化所構成的惡性循環，卻不認為有必要感到恐慌。其社論指出，「在當前的局勢中，有幾個要點或許可以減輕我們的焦慮」。首先，占據德國三分之二國土面積的普魯士，是為社會民主黨所有；其次，政府的勝利或許有機會讓極端分子冷靜下來；再來還有總統馮·興登堡的性格及威望，該篇社論形容他是「為德國政治立下基礎的另一座磐石」。只有羅斯米爾勳爵（Lord Rothermere）的言論與主流的共識背道而馳。他是《每日郵報》的所有者，樂於接受納粹的勝利，將其視為抵禦布爾什維主義的屏障。可是這對布呂寧而言，一點也算不上是幫助。相反地，羅斯米爾的報刊將他描寫成曇花一現的人物，反而使得他原已薄弱的地位變得更加弱勢[9]。

有鑑於英國社會輿論對德國的看法，英國首相拉姆齊·麥當勞不便向布呂寧提出建議。更重要的是，麥當勞自己所率領的少數派內閣也遭遇到了經濟危機逐漸加重與政府財政日益吃緊的問題。因此，當英國駐柏林大使霍勒斯．朗博爾德爵士發送越洋電報回倫敦，告知德國外交部長尤利烏斯．庫爾提斯公開表示要延期償付債務，英國的反應相當激烈。英國外交大臣韓德森在回覆朗博爾德的訊息中寫下：「無論如何，德國既有的財政及經濟狀況均無法作為德國政府示意其有必要宣布延期償付的正當理由。」他的主要論點是，「德國及世界其他地方所共同面臨的經濟難關，還不至於達到必須延後任何資金移轉，抑或是重新審理海牙協定的地步」。一九三〇年十二月十日，朗博爾德前去拜訪庫爾提斯，並在他面前朗讀了這則電訊的完整內容。柏林想必是無法從倫敦那裡得到任何幫助了[10]。

美國媒體的態度也是大同小異。《紐約時報》提醒讀者不必過度抱持悲觀主義：「今天，由共和主義者所組成的多數派人數雖然只有一九二四年的一半，不過假使社會主義者與中間政黨可以再次結盟，這樣的人數便還是足以組織政府。為了達此目的所付出的努力，自選舉前便已開始，而這顯然是因為對選舉結果已有所預料的緣故。一連串的事件看似迫使溫和派人士重新建立起合作關係，而就是在這群人的帶領之下，德國重新贏得了力量與聲望。」《泰晤士報》則是刊出了一篇文章，再次聲明由華爾街具影響力人物所做出的正面評價：「熟悉德國政治及經濟事務的多名銀行家昨日肯定地表示，他們認為無須為帝國議會的選舉結果感到憂心[11]。」

在華盛頓方面，有關縮減或是撤銷法國及英國這兩名昔日盟友的戰時債務索賠權的想法，完全是禁忌話題。胡佛總統處於弱勢地位。他在三月初時預測經濟蕭條將於三十天至六十天之內結束的看法，至少可以說是過於樂觀。時至十月，美國的工業生產量又下跌了百分之二十（圖示6.1）。股價自八月中旬達到高峰之後，也暴跌了三分之一。除此之外，還有一場嚴重的旱災襲擊了北美大平原，重重摧毀了美國的農業中心。美國人民的鬥志和士氣跌到了歷史新低。胡佛所屬政黨在十一月四日所舉行的國會期中選舉悽慘地敗下陣來。共和黨在眾議院以一票之差（兩百一十七票對兩百一十八票）失去了多數票的優勢，在參議院也只是勉強保住了微乎其微的多數票差距（四十八票對四十七票）。經濟危機依舊持續延燒。工業生產量不斷降低，失業率數字爬升至百分之十，數百家銀行接連倒閉[12]。

只有兩家被歸類為黃色新聞（yellow press）的報社——普立茲集團的《紐約世界報》（*New York World*）以及赫斯特

圖示6.1　美國工業生產量指數（以一九二九年的數值為一百）。

（Hearst）集團的《紐約美國人》（*New York American*）要求終止德國賠償方案。但是它們皆未能動搖胡佛政府的立場。同樣地，前德意志帝國銀行總裁哈爾馬·沙赫特與胡佛以及國務卿亨利·史汀生（Henry Stimson）的會面也是無疾而終。見過沙赫特之後，史汀生馬上傳訊息要法國大使保羅·克洛岱爾（Paul Claudel）放心：「我向他說明了，沙赫特博士有到政府部門來拜訪我，然後我是怎麼邀請他於週日前來寒舍共進午餐的。我告訴他，在這兩個場合中，沙赫特博士都沒有提到任何有關於德國政治或商業情況的提議，也完全沒有跟我討論這些事情。這兩次會面純粹是屬於個人與社交性質的交流[13]……」

因此，布呂寧沒有理由希冀債權國會願意重新擬定一分新協定。倫敦、巴黎和華盛頓皆未能打響要求讓德國自其債務陷阱之中獲得解放的口號。外交官們一致同意，在距離海牙大會結束不到一年的時間之內，不得修訂《楊格計畫》，政客們則是試圖拖延時間，相信經濟復甦終將可以解決所有問題。經濟危機與國際政治依循著各自的節奏發展，彼此互不同步。

當外交官及政客們還在自鳴得意，有些獨立觀察者，包括菲利克斯．索馬利在內，便已逐漸開始對事件發生的進程感到惶惶不安。但是，令許多銀行界人士感到灰心與氣餒的是，索馬利自一月於海德堡及柏林舉行演講之後，便鮮少再公開露面。他於四月時迎娶了在一九二九年以行政助理身分加入Blankart & Cie.銀行的梅．登布林．德維爾女爵（Countess May Demblin de Ville）。這對新婚夫妻在薩爾斯堡辦完婚禮後，旋即前往義大利蘇連多（Sorrento）享受蜜月時光。

不過，當索馬利收到享譽盛名的英國皇家國際事務研究所（Royal Institute of International Affairs）邀請他於十二月前往倫敦舉辦演講，他選擇抓住這個機會。他先向聽眾清楚解釋引發經濟危機的起因，再接著討論其所帶來的政治影響。而他主要想傳遞的訊息是，擔心共產主義將會席捲歐洲大陸乃是空穴來風，但是另一場戰爭即將開打的可能性卻是與日俱增。「我們馬上就要迎來改變歐洲事態的**轉捩點**。假如義大利與德國達成的**協約**將會取代白里安－施特雷澤曼時期所塑造的局面，戰事恐怕難以避免。希特勒政黨的竄起是危機所導致的直接後果，這場危機驅使一個崩潰民族的大批民眾投入了最極端的國家主義領導人的懷抱。」

至於終結危機的補救辦法，索馬利力勸聽眾拋開洋洋自得的想法。「有些人預期，危機將會因為美國調降關稅及免除歐洲債務而得以解除。我十分相信這是必然的結果，但是我一點也不確定這個結果會在適當的時間發生。現在我們所須要做的，是立刻採取行動。」索馬利認為，如今只有兩種方法能夠徹底改變局勢。第一種方法是重新調整國際價格結構——必須降低成品售價，必須提高原料售價。經過這樣的重新調整，將能提升周邊地區的購買力，並增加富裕國家的出口量。索馬利希望能夠經由政府暫時購買原物料來刺激需求恢復，並且摧毀「那些有如經濟寄生蟲」的無數同業聯盟（cartel）及企業聯合組織，此外亦須調降企業薪資，以便降低成品物價。

他的第二個想法是要採取行動來抑制法國與德國之間的失衡，以期能夠恢復歐洲的政治信心。「只要法國繼續囤積、德國繼續掏出積蓄來進行境外投資，歐洲大陸就不可能復甦。歐洲不缺資本，它缺的是信心。我相信，繼續讓法國和德國各自為政，是找不出解決辦法的，英格蘭必須再次促使德法兩國和解才行。倘若英國沒有意願也沒有能力推動德法恢復友好關係，眼前的危機便將只是一場序幕，預示著我們即將步入來日會被後世史學家稱之為『兩戰之間』的黑暗時期。」

有趣的是，當現場開放問答，絕大多數人提出的問題都是跟索馬利所提出的第一項建議有關，也就是重新調整原料與成品的價格。只有一項提問將焦點放在促進德法兩國和解的計畫上。索馬利則是透過再次強調即刻採取行動的急迫性，來回應聽眾的發問：「當前的政治局勢非常險峻。而我注意到一件令我很感興趣、覺得很有趣的事，那就是倫敦的聽眾並沒有認真把我說的話聽進去。但是，我這輩子還真的從來沒有看過猶如此刻般十萬火急的情況。」來到演講的尾聲，索馬利再一次呼籲英國的政治精英扛起責任：「英格蘭本來就是歐洲大陸的領導者，這個地位無從被任何其他國家取代。如果歐洲大陸的政治信心可以恢復，這場危機就只是一段插曲；如果辦不到，這場危機便將成為悲劇上演的第一幕[14]。」

在提出悲觀的分析與見解之後，索馬利在一九三一年的上半年將他存放在英格蘭、德國及義大利銀行裡的所有資金一口氣全數領回。他在Blankart & Cie.銀行的合夥人反對這項舉動，認為他的看法太過悲觀，會毀了自家銀行的事業。但是索馬利依然不顧旁人的反對，執意這麼做[15]。

而布呂寧在意識到縱使選舉結果令人擔憂，外國政府卻仍然沒有打算要出手相助之後，便開始考慮採取更為強硬的外交政策。十二月中旬，他召集了核心成員，並說明他認為國內的政治概況大概會在一九三一年二月底之前迫使政府就賠償方案一事採取行動。庫爾提斯、迪特里希與路德等人皆表示同意，不過他們也都認為要突破現況，勢必會造成驚天動地的破壞。隨後，路德提出了一個新的構想：「也許我們可以不要再為了繳械裁軍的問題，讓美國再次握有指導權[16]？」布呂寧和庫爾提斯都很欣賞這項提議，核心小組於是同意利用延期償付債務的方式，來串聯起「一場真正浩大的全面性政治行動[17]」。

四天後，布呂寧與美國大使弗雷德里克·薩克特（Frederic Sackett）會面（附圖11）。提議私下進行談話的一方，是意圖在柏林大展拳腳的薩克特。他過去曾是一名生意人，亦曾擔任肯塔基州共和黨參議員，日後又憑著與胡佛的交情而成為美國駐德大使，很熱衷於成為公眾注目的焦點。他把美國大使館變成了柏林社交圈的熱門地點。負責舉辦派對的是妻子奧莉芙，她是靠煤礦開採和水泥生產致富的肯塔基富商之女[18]。

當時躋身柏林上流社會的著名編年史家貝拉·弗洛姆（Bella Fromm）對薩克特夫婦讚譽有加：「我前去拜見新上任的美國大使弗雷德里克·M·薩克特。這名外表溫和的男子很顯然出自顯赫世家。薩克特夫人則是一位極為優秀、深具魅力的女性。」在薩克特家待了一個晚上之後，弗洛姆寫道：「美國大使與夫人讓這裡的人們見識到了何謂『宴客之道』。就連國際外交官也開了眼界。薩克特夫婦在下午茶時段供賓客享用龍蝦，這真是在柏林聞所未聞的一種奢侈！大使在柏林最高級的街區租了一間小巧但氣派的宅邸。府內有一名身材魁梧而年長的男管家負責管理一班身穿樸素藍色制服的男僕。令人大感驚奇的是，奧莉芙·薩克特－斯彼得女士聘請了一位社交秘書，這對本地人來說可是既奢

附圖11.　美國大使弗雷德里克・薩克特與妻子奧莉芙・斯彼得・薩克特（Olive Speed Sackett）在柏林的合影。

華又新鮮的事情。她是完美稱職的女主人，盡其所能地在家中聚集了許多戰前的奉承者[19]。」

對布呂寧而言，與美國大使見面談話的良機來得正是時候，給了他提出新倡議的絕佳機會。他很確信薩克特一定會如他所想的同意這項提議，深信薩克特對政治涉獵不深、容易操控。而事實上，這位大使也確實立刻就認同布呂寧所提議舉行的全面性會議，並且承諾他會私下寫信將此事轉告給胡佛總統[20]。

這項建議提出的時機恰到好處。華盛頓方面關於協約國之間的戰時債務以及德國賠償方案的共識正在慢慢改變。一九三〇年十二月中旬，國務卿亨利．史汀生跟他最要好的同事——國務次卿約瑟夫．科頓（Joseph Cotton）就德國險惡的經濟前景開了一次會。史汀生認為，美國必須採取行動，以防止朝歐洲進逼的不利局面擴散並波及至美國的經濟。一九三〇年十二月下旬，史汀生也為此與胡佛總統有過談話。他們兩人都同意，德國意欲爭取降低賠款金額是很公平的，「因為它很誠實地嘗試要靠自身所擁有的資源來熬過這個冬天，而且它也已經採取了極大幅度的刪節開銷計畫」。這位很早就對《凡爾賽條約》提出批評的總統，對於歐洲的種種問題極為了解[21]。

除了胡佛及其親信外，在白宮以外富有影響力的人士也開始對普遍觀點提出質疑。大通銀行（Chase Bank）董事長阿爾伯特・威金（Albert Wiggin）在其銀行的年度報告中公開寫道，美國應該減去一部分的歐洲戰時債務：「世界各地已漸漸針對撤銷或降低協約國之間的債務興起討論。這個問題的重要性遠勝於相關債務所牽涉到的美元數量。撇除撤銷債務的公平性問題，亦不針對這項爭議正反兩面的諸多論點發表意見，我強烈認為，在這個時間點實施債務減免，會對我們的政府有好處[22]。」加拿大皇家銀行（Royal Bank of Canada）行長赫伯特・霍爾特爵士（Sir Herbert Holt）支持威金的看法[23]。甚至連《楊格計畫》的締造者歐文・楊格也告訴胡佛，賠款及債務金額應該要調降百分之二十[24]。

一九三一年一月，國務卿史汀生主動指派積極有力的國務次卿科頓前往歐洲，為舉行經濟商討大會鋪路。這位受過哈佛訓練，亦曾於戰爭期間在食品管理局與胡佛總統有過共事經驗的前律師是很適合的人選。科頓曾經在史汀生於一九三〇年春天參加倫敦海軍會議時擔任代理國務卿，表現相當優異，他也從很早期開始便理解到德國的艱難處境。科頓很有可能真的能夠帶動得起國際金融外交，為其注入動力。

然而，科頓在安排歐洲行程之際卻病倒了。他被送往位於巴爾的摩的約翰霍普金斯醫院（Johns Hopkins Hospital），並被診斷出脊髓感染。一月二十一日，外科醫師從他的脊椎切除了一顆腫瘤，但是科頓並未能自這場手術復原，最終死於病榻。他的任務終告取消，而胡佛儘管聽進了威金和歐文等人的建言，還是決定不再進一步採取行動。二月二日，薩克特大使不得不向德國外交部回報，華盛頓對於他的倡議未予回應[25]。

不過，薩克特並沒有就此放棄。他相信，華盛頓是唯一有能力促使債權國與德國政府達成新協議的勢力方。於是，他收集了統計資料，以資證明賠款方案對於德國的國際收支（balance of payments）及公共財政所造成的負面影響，並將這些數據寄送至紐約聯邦準備銀行，希望可以促使美國官員有所行動。法方提出的新倡議也為薩克特帶來了鼓勵。一九三一年二月六日，法國作家暨外交官弗拉基米爾・多爾梅松（Wladimir d’Ormesson）公布了一項以暫時降低賠款金額來交換軍備限制的提案。依照他的計畫，德國在一九三一年至一九三三年間只須支付一半的無條件年金，前提是美國必須宣布放棄法國所應支付金額的百分之五十。除此之外，德法兩國皆須縮減十二分之一的軍事預算。布呂寧對此做出了正面回應，雖然他想要的並不只是暫時減免債務而已[26]。

一九三一年二月九日，阿里斯蒂德·白里安支持法國銀行參與由李希金森銀行精心策劃、向德國再次放貸的交易。這不是一筆大生意，只是為了替德國政府預先籌措資金，以便其將德意志帝國鐵路的優先股出售給德意志帝國受雇者保險協會（Reich Insurance Institute for Employees）而已。儘管如此，此舉卻傳遞了善意的訊息。《福斯日報》將之視為「自九月十四日以來，首批在柏林與法國的首都之間盤旋的小和平鴿之一」。《紐約時報》在巴黎的報導指出，「昨天此地的銀行家都對法國銀行得以參與交易表示欣慰，因為這是自戰爭開打以來，法國第一次直接借錢給德國政府[27]」。

與此同時，投資人的態度也轉為樂觀。自一九三一年一月初至二月底為止，道瓊工業平均指數從一百六十點躍升到了一百九十點。一九三一年一月中，阿爾伯特·H·威金表示，「現在大概是經濟最不景氣的時候」，並且預測「一九三一年年底的情況會比一九三〇年年底的時候更好」。楊格債券的走勢自一月上旬至三月中旬也從七十左右恢復到接近八十，因而回到了一九三〇年九月舉行帝國議會選舉之前的水平。說不定，萬眾期待的經濟復甦終於要實現了[28]。

而且，布呂寧也在鞏固他於國內的地位。一九三一年二月七日，帝國議會以完整的多數票否決了由極端政黨所發起的不信任投票。二月十日，在帝國議會通過多項新的議事規則，規定將懲罰在辯論過程中施以言語侮辱者、不允許阻撓議事進行的各種手段，以及將透過取消全體會議來賦予委員會更大的權力時，共產黨員、胡根貝格所率領的德國國家人民黨與納粹黨員全都離席以示抗議。而由於下次開會只有共產黨員出席，外交部長庫爾提斯很輕鬆地便挺過了另一場不信任投票。英國大使朗博爾德以滿是景仰的語氣敘述道：「布呂寧博士在當前的帝國議會取得了壓倒性多數票，使得輿論再次折服於他的領袖特質，也顯示出其他政黨總算領悟到了必須奮起抵抗極端分子的必要性。我認識一位來自東普魯士、信念堅定的德國國家主義者最近告訴我，身為典型的普魯士容克階級且曾任職帝國議會議員超過四十年的埃拉德·馮·奧爾登堡－雅努紹先生（Elard von Oldenburg-Januschau）曾經向他表示，布呂寧博士是德國繼俾斯麥時代以來，第一位名符其實的總理[29]。」

對於布呂寧的成功漸趨認同，同時又害怕由他領軍的內閣若是倒塌，將會導致威瑪共和國瓦解的想法，終於促使英國政府做出重要表態。一如華盛頓方面，倫敦方面關於德國的共識也隨著時序步入冬季而開始有了變化。一月中旬，喬賽亞．史坦普爵士（Sir Josiah Stamp）——英格蘭銀行董事暨《楊格計畫》協商者——告訴《每日電訊報》（*Daily Telegraph*），「《楊格計畫》施加於德國的負荷已經明顯超出原來預期的程度」。同樣地，財政部高官弗雷德列克．李滋羅斯爵士也表示，他樂意接受重新修訂《楊格計畫》的決議[30]。

而設想出要由英國來主動提出倡議的人，沒錯，又是薩克特大使。一九三一年三月初，薩克特在與英國大使朗博爾德共進晚餐時，表露了自己確信「英格蘭方面站出來表態，能給予布呂寧政府無比大的幫助」的立場。丹麥駐柏林大使也對朗博爾德好言相勸：「英格蘭和法國應該要做點什麼來協助布呂寧政府。」幾天之後，朗博爾德便向倫敦派送電報，並在信中提議邀請布呂寧前往契喀爾（Chequers）莊園，也就是英國首相設於鄉間的官方別墅。「我想要再次表明，布呂寧在德國很有威信，他在面對國家困境時所表現出的堅毅姿態，我想，也使得其他國家的社會輿論對他留下了深刻的印象，但他不像庫爾提斯，歐洲頂尖的政治家他一概不認識。因此我想，受邀前往英格蘭，應該能讓他在國際上享有聲望，這對他在德國國內會有幫助。除了譬如說，邀請他到契喀爾莊園過週末之外，我想不到還有什麼事情可以讓德國人更感欽佩與滿意[31]。」

德國政府在三月二十四日接獲邀請，並於四月八日公布這個消息。這是自戰爭開打後，德國政府高官首次不是以參加正式會議為由受邀前往英國。沒錯，英方其實只是想討論有關繳械裁軍的問題，不過此舉也展開了談論經濟局勢與賠款方案的可能性[32]。

不過，現在是適合英國、法國和德國坐下來好好達成協議的好時機嗎？眼前其實還有很多巨大的阻礙必須克服。最重要的是，德法關係依舊不融洽。從理論上來說，德法雙邊都有許多政客想要加強兩國之間的合作，但是從實際層面上來看，兩邊都害怕採取必要的行動。法國眾議院在一九三一年二月針對是否要借錢給德國政府一事展開辯論時，就出現了許多批評的聲音，擔怕德國會拿這筆錢來重整軍備[33]。

關於德法關係，有一位特別精明、敏銳的分析師，他是六十六歲的老馬庫斯．瓦倫堡（Marcus Wallenberg Sr），一位出身自瑞典名門望族的富家子弟。瓦倫堡在一九二〇年代投身進入國際金融外交領域之前，曾經擔任斯德哥爾摩恩斯基爾達銀行（Stockholms Enskilda Bank）執行長，這家銀行是瓦倫堡家族事業版圖的基石。他曾經參與《道威斯計畫》和《楊格計畫》的執行，經常往返於歐洲各地。他的人脈遍布全球。人在柏林的國務大臣漢斯·謝弗就是他的朋友之一。一九三一年二月下旬，瓦倫堡在離開巴黎之後對謝弗說：「法國人，就連親右翼人士，也都強烈贊成與德國和解、恢復友好關係。他們夸夸其談地強調經濟合作。但是，一旦跟他們討論起具體計畫，所得到的回應一律會是，因為巴黎的輿論風向，他們無法做出任何可能導致深遠影響的讓步，就連親左翼分子的回答也一樣[34]。」

同樣地，德國駐巴黎大使馮·赫施在三月初時也曾經寫道：「想要理解德法關係的人們所進行的每一場辯論都依循著相同的模式。首先，人們會談到的是政治議題，並且會得出政治議題無法解決的結論，以及德國的要求只有在附加多條限制的情況下才有可能被接受。接下來便會談到經濟及金融合作的問題……起先，串聯兩國整體經濟的想法會激起人們的熱情……可是，這項討論無法得出任何實際可行的結果……當有人問，要怎麼做才能夠說服法國民眾在德國進行長期投資，普遍常見的回答是：第一步是要建立起『信任』。接著繼續追問，那要如何建立起信任時，則會得到『信任是須要建立在全面性政治協定之上』的答案。於是乎，話題又繞回到了對話的原點[35]。」

PART III

DESPAIR

絕望

第七章　回天乏術

這段躊躇的時期在三月六日星期五宣告結束。傍晚時分，一群財政部高官激動不安地告知總理，德意志帝國的財政收入正快速減少。「嚴苛不講理的措施是在所難免了」，財政部長迪特里希如此警告道。一同出席這場緊急會議的德意志帝國銀行總裁路德，證實了眼前的展望委實叫人灰心。布呂寧聚精會神地廣納各方意見，並對眾人的顧慮表示理解，接著便做出了一個影響深遠的結論：「德國人民沒有辦法再忍受我國的經濟條件在未針對賠償方案採取決定性對策的情況下再度受壓迫。因此，我決定要有所行動[1]。」

路德與財政部國務大臣漢斯·謝弗聽聞此言皆感驚駭。他們都相信，質疑德國履行《楊格計畫》的義務會立即引發金融危機。投資人會開始懷疑德意志帝國的還款能力，導致大量資本外逃。相反地，向來忠心耿耿的總理國務大臣赫爾曼·普恩德，則毫無保留地接納了這項新政策。在參與這場歷史性會議的三天後，他在日記中寫道：「繼續削減民生經濟，亦不改革賠償方案，等於是在粉碎我國窮苦人民的意志[2]。」

究竟誰才是對的？採取較具侵略性的外交政策能夠提升德國政府在其國內的名聲嗎？有沒有辦法可以在不誘發重大外交及金融危機的情況之下，達成修訂《楊格計畫》的目的呢？

總理大人很快就得到了有關這些問題的第一個答案。三月十六日，外交部長庫爾提斯告知內閣，他已經祕密地與奧地利展開協商，目的是為了建立關稅同盟的制度。兩天後，內閣無異議地一致支持這個想法。庫爾提斯知道，布呂寧認為採取更加強硬的外交政策是逆轉人民對政府低支持率的方法。庫爾提斯信心十足地解釋：「這個做法將能消解國內政治所承受的壓力，我們甚至有可能促使社會民主黨和納粹黨在這項議題上連成統一陣線。」關稅同盟所能夠產生的經濟效應在庫爾提斯看來只是其次。奧地利的市場太小，難以確實刺激德國的出口量[3]。

然而，這步險棋卻徹底失敗。法國外交部在三天後正式接獲通知時，表現出了極為不友善與不同意的態度。「我們的計畫令法國人感到十分沮喪與憤慨」，德國大使從巴黎發送電報向柏林回報。一向溫和有禮、謹言慎行的法國外交部長白里安破口大罵：「他們這是在為德奧合併（Anschluss）做準備啊！」過沒多久，Anschluss這句德語就傳遍了大街小巷，庫爾提斯——這個不久之前在德意志帝國境外鮮為人知的名字——也變成了狂妄自大的代名詞[4]。

法國親政府報刊《時報》甚至做出了比白里安還要更進一步的臆測，認為這項計畫「是要嘗試實現舊有的『中歐』（Mittel-Europa）計畫。倘若德國是第一次世界大戰的戰勝國，它便會利用這項計畫來建立它在歐洲的支配權」。在數日後的議會辯論期間，白里安再次痛斥德國政府。他怒喝道：「德奧協議很明顯意味著，現在該是我國停止與德國往來的時候了，我們必須採取預防措施。」法國外交部長有充分的理由可以對此大發雷霆。就在幾個星期之前，他還在一次議會辯論上氣憤地淡化德奧合併的危險性。他確實遭到了徹底的愚弄與欺騙[5]。

白里安主張，奧地利違反了一九一九年的和平條約，以及一九二二年的《日內瓦議定書》（Geneva Protocol）。《聖日耳曼條約》（Treaty of Saint-Germain）第八十八條明定：「若非經過國際聯盟理事會的同意，奧地利的獨立狀態乃是不可剝奪且不可分割的。」這項規定與《凡爾賽條約》（一九一九年）第八十條相呼應：「德國承認亦將完全尊重奧地利在其與主要的協約國列強及其盟國經由條約所規定的邊境內部之獨立狀態。德國同意，若非經過國際聯盟理事會的同意，奧地利的獨立狀態乃是不可剝奪且不可分割的。」一九二二年的《日內瓦議定書》決定了奧地利向國際聯盟取得穩定性貸款（stabilization loan）的條件，並且規定奧地利「必須禁絕參與任何有可能直接或間接破壞其獨立狀態的經濟或金融協商及約定」。白里安也批評德國有可能違反它於一九二四年和一九二七年分別與英國及法國簽訂的貿易協定中的最惠國待遇條款。假如德國在某項新條約中同意降低其關稅金額，它便必須一併調整既有條約的條件，使其與新條約達成一致[6]。

法國提出的法律論據是否嚴密並不重要。事實上，甚至有明確的證據顯示，法國的論點並非毫無破綻。真正重要的是這些論據在政治層面上的影響力，從這個著眼點來看，庫爾提斯無疑釀下了大錯。從這一刻起，法國只會變得更加不情願去尋求與德國之間的密切合作。《泰晤士報》在巴黎的通訊記者寫道：「可以肯定的是，比較容易受現況影響而感到心煩意亂、心灰意冷的，多是那些一直以來最積極提倡德法和解的人士。」而巴黎並不是唯一開腔指責的一方。很快地，捷克和義大利便加入法國的批評陣營，絕大多數的其他歐洲政府也陸續跟進。就連英國也是在新聞爆發的頭幾天較為克制，隨後即表明批判的立場。三月二十五日，英國大使霍勒斯．朗博爾德爵士在拜見布呂寧時為他朗讀了一封電報，以說明英國外交部的疑慮。只有少數美國官員對此事作出正面回應。美國參議院外交關係委員會（Senate Foreign Relations Committee）具影響力的主席、參議員博拉（Borah）表明：「他們這麼做很聰明，在《凡爾賽條約》的實質精神被大幅扭轉之前，歐洲是無法復原的。我不明白為什麼會有歐洲人想要去反對這項約定。」但是對於當時的歐洲來說，華盛頓的重要性遠遠比不上倫敦和巴黎來得重要[7]。

當然，庫爾提斯有預料到這項舉動會遭遇到阻力。當初在尋求內閣同意時，他也曾無奈地承認，他的計畫所將招致的政治風險「相當可觀」。儘管如此，他似乎還是低估了法國政客的盛怒程度。他以為，他們在詳細了解正式細節之後就會接受這項計畫。過去身為律師的庫爾提斯在心態上習慣照規則來解決問題，這使他欠缺了對政治的變幻莫測，以及對外交模稜兩可的覺察。英國外交部常任國務次卿羅伯特．范西塔特爵士（Sir Robert

Vansittart）諷刺地表示，庫爾提斯「巴不得有事蹟可以冠上自己的名字[8]」。

不過，更重要的是，建立關稅同盟的構想在經濟層面上根本站不住腳。奧地利是一個只有六百七十萬居民的小國，連德國十分之一的人口都不到。它的經濟能力微薄，人均GDP比德國還要低百分之十。這令人難以想像，降低兩國之間的關稅可以為德國的出口產業帶來多大的助益。反過來說，奧地利並不具備任何能夠為德國工業帶來特殊幫助的天然資源。連庫爾提斯自己也很不情願地承認，就經濟方面來說，奧地利「目前肯定能夠獲得比較多的好處[9]」。

引人注意的是，在三月十八日所舉行的重要會議上，布呂寧並沒有阻止這位外交部長的行動。在他的回憶錄中，他有表示他並不贊成，卻未說明他為什麼沒有否決這項計畫。不管怎麼說，他確實有收到警告[10]。

出人意料的是，關稅同盟的計畫雖然導致德法關係變得比以往更加僵持不下，卻沒有把金融市場也搞得翻天覆地。楊格債券的價格幾乎文風不動，國家馬克的匯率亦不為所動。樂觀的美國投資人甚至認為，德奧關稅同盟是促使歐洲形成更加自由開放的貿易秩序的第一步。位於紐約的美國國家城市銀行所發布的一篇媒體新聞稿表明，「站在商業的觀點來看，這似乎是一記能夠發揮實際效用的政治高明之舉」。而由於奧地利和德國政府均同意於四月中時徵求國際聯盟的同意，大部分的投資人都相信這股緊張的氣氛將會降溫[11]。

更有甚者，德國的經濟前景持續改善。一九三一年四月初，德國主要的經濟雜誌《德國經濟學人》寫道：「股票交易的正向趨勢顯示，儘管市場少有復甦跡象，投資人依然相信，我們已經度過危機的低谷。」工業生產量回升到了一九三〇年秋季的水準。有賴於信心成長，德意志帝國銀行也開始累積外匯存底。部分觀察家甚至預期，央行利率有機會在未來數週之內下修。美國大使薩克特向位於紐約的聯邦準備銀行傳遞樂觀的消息：「我很確定德國的情況正在好轉。」薩克特毫不懷疑地相信，「有許多外流到國外的德國資金正在大量回流[12]」。

從德國國內的政治角度來看，情況甚至更為樂觀。布呂寧一路過關斬將，屢戰屢勝。三月二十日，帝國議會同意支付袖珍戰艦A的第三期款項以及袖珍戰艦B的第一期款項，鞏固了布呂寧在資產階級與國家主義社會背景下獲得的廣泛支持〔袖珍戰艦

（pocket battleship）為小型重裝艦艇，是為了符合《凡爾賽條約》在噸位及戰備上的限制而特別打造的〕。三月二十五日，帝國議會通過新的財政年度預算，並且同意在一九三一年十月之前不再召開會議，這對布呂寧而言是一場絕妙的勝利。《福斯日報》滿腔熱血地疾呼：「我們可以再次對未來懷抱信心，我們可以再一次大膽地懷抱希望了。」三月二十八日，興登堡總統簽署了一項禁止人民穿著準軍事制服、隨身攜帶武器及駕駛宣傳卡車，並且規定未經當局同意，不得舉辦政治示威活動的緊急政令。獲得來自國家元首的支持，令布呂寧在日益畏懼內亂加劇的自由主義者與社會民主黨員的眼中，顯得更加可靠。在一九三一年三月之前，那一年大約已經有三百人死於共產黨與納粹黨所爆發的街頭衝突。由於局勢的演變而備受激勵的普恩德，在他的日記中寫道：「我們在國內政治圈經歷了一段大獲全勝的時期。我們向國內外全體公眾證明了，這一組內閣有能力藉由議會來落實它的意志[13]。」

對於總理大人來說，更大快人心的是，納粹黨面臨了嚴重的挫敗。四月一日，圖林根議會以多數票表決通過了一項由社會民主黨所發起、旨在拔除擔任部長職位的納粹黨員，亦即威廉．弗里克和威利·馬施勒（Willy Marschler）的不信任投票案。弗里克是與希特勒合作超過十年以上、與其關係最密切的人物之一，也是第一位登上威瑪共和國部長級職位的納粹黨員。他在一九三〇年一月成為了圖林根右翼聯盟政府的內政部長及教育部長。弗里克甫上任不久，便開始肅清各級學校與各大機關中的共產黨員及社會民主黨員，並且倡導警察部隊招聘納粹黨員。他也曾取締報刊、審查及刪改一部針對德國士兵在戰壕中的生活做出重要記述的小說與電影——《西線無戰事》（*All Quiet on the Western Front*），並曾強迫耶拿大學（University of Jena）任用一位抱持優生學概念的社會人類學家。在經過一年又多一點的時間之後，弗里克挑釁進犯的政策惹惱了政府聯盟的另一個成員——德國人民黨，該黨派的許多黨員於是樂意支持社會民主黨所發起的不信任投票。

衝鋒隊（SA）與希特勒之間的意見分歧，也進一步削弱了納粹的勢力。身為德國東北部衝鋒隊首領的沃爾特·史特納斯（Walther Stennes），想要走上街頭抗議布呂寧近期針對激進政黨所實施的緊急措施，但是希特勒堅持要維持守法政策。由於史特納斯不肯讓步，希特勒在三月三十一日撤除其於柏林的職位，並命其前往位於慕尼黑的黨部效命。作為反擊，史特納斯派遣效忠於他的部隊前去占領柏林的衝鋒隊隊署，以及納粹每週出版《進攻報》（*Der Angriff*）的編輯室。當時正與希特勒一同待在慕尼黑的柏林區領導人約瑟夫．戈培爾在得知消息後痛心不已：「這是本黨所面臨到最為嚴重的危機。」希特勒和戈培爾決定回擊，開除史特納斯黨籍，並徵召柏林警力協助奪回遭其占領的辦公室。史特納斯依舊不肯退卻，並煽動他所帶領的柏林衝鋒隊公然反叛希特勒。唯有在該黨的領導階層再次介入之後，史特納斯的叛亂才遭到瓦解。四月四日，因為這場鬥爭而感到精疲力竭的戈培爾在日記中寫道：「昨天是血淋淋的受難日。對我來說至關重要的時刻。但是我想它已經過去了[14]。」

然而，正如總理及財政部所預期的，德國的財政情況無法再支撐下去。經濟復甦的力道太弱，僅只是曇花一現。進入第二季，工業生產量便重現下跌的趨勢（圖示7.1）。而且，雖然失業人口數由於季節因素而有所減少，民不聊生的景況卻逐漸蔓延。找不到工作、必須依靠日漸緊縮的公共福利津貼過活的父母與家庭往往得挨餓度日。一九三一年六月，德國醫學會發出警告：「德國民眾即將淪為飢荒及其可怕後果的犧牲品。」苦無工作機

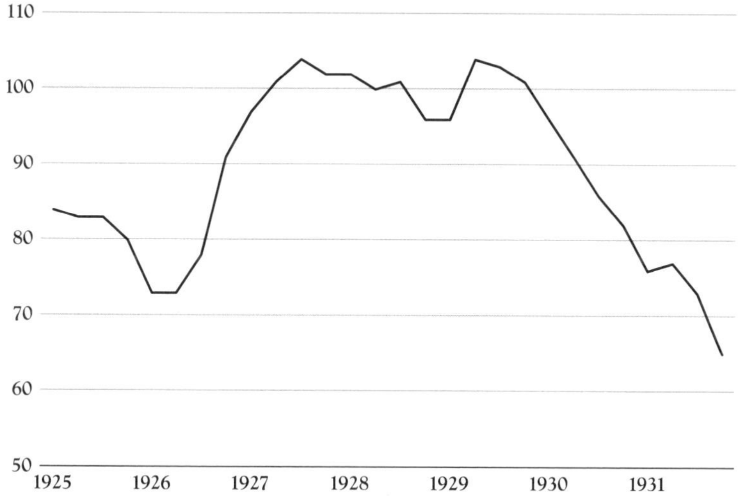

圖示7.1　德國工業生產量指數（已去除季節因素影響，以一九二八年的數值為一百）。

會的年輕人變得越來越忿恨不平。情況猶如社會民主黨的黨刊《自由言論報》（*Freies Wort*）所述：「他們就站在街角，雙手插口袋，嘴裡叼著手捲菸，對自己和這個世界心生不滿。年輕人的臉龐顯露出宛如老者一般的神情，看不見一絲活力與生氣。他們臉上的表情透露出對於此種社會秩序、對於其所身處整體環境深不見底、抗拒妥協、繼而飄散著危險氣息的憎恨[15]。」

一九三一年五月五日，德國政府正式開始擬定新的財政緊縮配套措施，兩天之後，布呂寧邀請他最親近的一群幕僚私下共進晚餐，以說明關於賠款議題，他所打算採取的新策略。他認為在宣布財政緊縮措施之後，應該配合提出聲明，表達德國人民不願意再做出任何犧牲的心聲。他相信，發表此番宣言將能夠使德國民眾了解，政府有意願針對賠款議題採取行動，但是另一方面，他們實際上並未做出任何會惹惱外國外交官及投資人的舉動[16]。

布呂寧曉得，面對這樣進退維谷的境地，他必須要兩害相權取其輕。「就國內而言，我們有必要讓人民以為修訂《楊格計畫》一事已有所進展；對外，則務必要形塑出我們已經用盡一切努力來履行《楊格計畫》的印象。直到一九三二年初之前，這項議題必須保持這種懸而未決的狀態。在那之前，德國不能讓任何協商過程產生決定性的結果。」布呂寧也說明，宣布財政緊縮措施的最佳時機，最好是在六月上旬，也就是在他動身前去拜訪英國首相拉姆齊．麥當勞之前不久，如此一來便可以盡可能地向全世界清楚顯示，德國的處境變得有多麼迫切不堪。為了說服其幕僚，針對賠償方案事宜主動出擊極為重要，布呂寧複述了他和參與非社會主義勞工運動的友人近期的對話。令人擔憂的是，就連非社會主義性質的工會也在要求修訂《楊格計畫》，並且正在勉力遏阻共產黨思想在其成員之間散播[17]。

一九三一年五月十一日星期一上午，德國內閣同意採納布呂寧的話術策略，並且決定於六月初出訪英格蘭之前公布財政緊縮計畫。這列朝著修正主義政策方向行駛的火車，正在加速前進。不料，當天稍晚卻傳出了一條新聞快訊，迫使歐洲每一位政策制定者重新琢磨現下應該如何應對進退。晚間九點三十分，奧地利總理奧托・恩德爾（Otto Ender）向社會大眾宣布，奧地利貿易與商業信貸機構（Credit-Anstalt）宣告破產。奧地利信貸機構是由安塞姆・所羅門・馮・羅斯柴爾德男爵（Anselm Salomon Freiherr von Rothschild）於一八五五年所創，其後不久便成為奧匈帝國首屈一指的商業銀行。在一九三一年，它實為奧地利規模最大的金融機構，負責操控奧地利所有合資銀行所持有總資產的百分之五十三，並且與奧地利國內超過百分之六十的有限公司有生意上的往來。然而，其資產的帳面價值下跌幅度總計達到一億四千萬先令，即使動用其股權資本（equity capital，一億兩千五百萬先令）及可活用存底（四千萬先令），也只能勉強打平虧損。 但是這家超級銀行一旦倒閉，必將連帶導致奧地利整體金融制度的瓦解。因此，為了安撫社會大眾，恩德爾提出一項重建計畫。執行這項計畫所需要的附加資本，主要將由奧地利政府提供，其次則須仰賴奧地利國家銀行（Austrian National Bank）及羅斯柴爾德家族的金援[18]。

奧地利信貸機構所面臨的危機引發了一連串令人憂心的疑問。假如重建計畫沒有發揮效用，那會怎麼樣？歐洲列強會出手援助這家銀行嗎？危機會不會擴散到德國，最終壓垮整個歐洲的金融體系呢？這場危機又會帶來哪些政治方面的影響？德奧關稅同盟依舊是維也納的第一要務嗎？柏林又會做出什麼反應呢？

此外，關於總理奧托·恩德爾及副總理約翰·紹貝爾（Johann Schober）是否適合主導此次危機管理，也有人提出質疑。身為保守派基督教社會黨（Christian Social Party）成員、長年在群山環繞的福拉爾貝格邦（Vorarlberg）擔任邦長的恩德爾，以其支持反資本主義的言論觀點及擁護反猶太主義的巧言善辯為人所知。如今，他卻必須設法拯救奧地利資本主義的心臟，況且這家銀行的大股東還是羅斯柴爾德家族。至於曾任維也納警察局長的紹貝爾，則是與德國外交部長庫爾提斯聯手策劃了備受爭議的德奧關稅同盟計畫。依循這樣的脈絡來看，紹貝爾也曾於一九二九年年末向奧地利信貸機構施壓，強迫其兼併即將倒閉的

Bodencreditanstalt銀行，而這正是引發奧地利信貸機構危機的主因之一。現在，他不得不找出辦法來解決自己當年一手促成的銀行危機。

眼前的情況有不少理由促使人們預期最壞的結果。其中一名抱持悲觀想法的人是消息靈通的英格蘭銀行資深行員哈利．西普曼（Harry Siepmann）。在奧地利信貸機構傳出破產消息的當天，西普曼致電給一位任職於財政部的友人，簡明扼要地告訴對方：「我覺得出事了。」西普曼預期這場危機將會擴散至德國，最後則將波及到英國：「它有可能徹底擊倒我們一直以來所生活於其中的這整座紙牌屋」。就奧地利事件而言，西普曼及其他悲觀主義者的看法經事實證明是正確的。奧地利信貸機構所引發的危機無法遏止，並於恩德爾內閣宣布重建計畫後的數星期之內全面擴大升級[19]。

五月十二日至十六日，奧地利儲戶從這家銀行提領的金額超過三億先令（四千兩百萬美金）比其資產帳面價值下跌的幅度（一億四千萬先令）還要高出兩倍。截至五月底為止，銀行的存款金額已經減少百分之三十。奧地利信貸機構不得不轉而求助奧地利中央銀行，由後者來提供兌換貨幣所需要的現鈔。因為如此，市面上流通的貨幣數量暴增，導致官方覆蓋率由百分之八十三降低為百分之六十八。雖然這樣的比例仍然比百分之四十的下限值高出許多，但其下降的速度導致國外儲戶開始撤除資金，國內儲戶也紛紛將先令兌換成外幣。奧地利中央銀行承受了莫大的壓力[20]。

為了替重建計畫預先籌措資金，恩德爾內閣轉而向位於瑞士巴賽爾的國際清算銀行（BIS）求援。五月底，國際清算銀行向奧地利中央銀行提供了一千四百萬美元（一億先令），並要求奧地利提供國家擔保品，以便讓債權國安心。奧地利議會隨即全體一致無異議地同意了國際清算銀行所開出的條件。然而，無論是國際清算銀行貸款抑或是信用擔保，都無法阻止資金撤出與資本外逃的情況。奧地利必須取得另一筆貸款，但是國際清算銀行央行成員之間的意見相左，阻礙了這項程序的進展。法國要求在挹注更多資金之前，先終止關稅同盟計畫，可是副總理紹貝爾拒絕讓步，因為他在這項計畫上投入了大量心血。等時間來到六月上旬，奧地利信貸機構危機已將惡化到失控的程度[21]。

不過，西普曼及其他悲觀主義者在奧地利危機將會延伸波及至德國這一點上，倒是預測錯誤。危機似有可能蔓延的跡象只出現在五月十二日，也就是恩德爾內閣向民眾公布消息的隔天。德國最大型的商業銀行之一達納特銀行被誤以為與奧地利信貸機構關係密切，導致其股價下跌百分之五。但是在投資人了解到德國投資奧地利的資本額其實很低之後，達納特銀行的股價馬上就回升了。同樣地，德國高官也相信，維也納事件不會對德國銀行界的其他單位造成太大的影響[22]。

隨著奧地利信貸機構的危機升溫，在威瑪共和國末期呈現如反發燒曲線一般的楊格債券價格自五月下半開始下跌。不過，楊格債券的價格是從四月底便開始出現跌價走勢，而背後原因完全來自於德國國內。投資人因為聽到有風聲說，布呂寧內閣為了避免財政危機，正在祕密籌備另一項財政緊縮計畫，而感到驚慌失措。最後是在五月九日星期六早上，由《福斯日報》證實道：「過去數週以來，財政部已經拚了命地在想辦法」。德意志帝國的資產流動性及清償能力又再一次挑起了投資人心中的疑竇[23]。

投資人也很擔心布呂寧在國內的地位受到威脅。五月十七日，納粹在奧爾登堡的聯邦州選舉取得了轟動一時的勝利。納粹黨的得票率達到百分之三十七，相較於該黨在一九二八年時僅有百分之七點五的得票率，這是很驚人的進步。奧爾登堡雖然只是一個約有六萬居民的小鎮，其選舉結果卻被認為極具象徵性。戈培爾心花怒放地宣稱：「奧爾登堡的戰績宛如一枚震撼彈。天下又要歸我們主宰了。」次日，屬於內閣陣營的德國人民黨議會領導人伊都華．丁格爾逮（Eduard Dingeldey）便要求總理向公眾表明，自己正在設法就賠償方案一事與債權國再次展開協商。幾天之後，非共產主義性質的工會也聯合起來懇求政府修訂《楊格計畫》。到了五月最後一週，英國工黨報紙《每日先驅報》（*Daily Herald*）聲稱，為了避免資金危機，德國急須取得另一筆價值二十億國家馬克的資金。德國政府雖然駁斥這則謠言，卻沒有辦法讓投資人冷靜下來。現在，不只楊格債券的價格走貶，就連德意志帝國銀行的外匯存底也開始減少[24]。

布呂寧在處理外交事務方面的可靠性漸漸受到質疑。五月十九日，名為「德國號」（Deutschland）的袖珍戰艦A在基爾下水啟用時，這位總理當著五萬六千名民眾的面，及在前來觀禮的興登堡總統面前，發表了富有沙文主義色彩的演說。五月下旬，右翼準軍事組織「鋼盔軍團」在布雷斯勞慶祝第十二屆前線士兵節（Day of the Front-Line Soldiers）。法國及波蘭皆對這場集會表示反感，並因此感到畏懼，布呂寧卻不置可否。巴黎報紙《時報》出言抨擊這位總理：「為了有效回應這個行為，以及證明實行共和體制的民主德國所一再堅稱其欲追求和平的意圖值得我們付出信任，那些應該為德意志帝國負起責任的領導人做了什麼？……德意志政府非但沒有緩和其國內的社會輿論，並且提防由泛日耳曼主義運動所帶來的諸多危險，反而還不斷鼓勵人民接受這些極其危險的錯誤觀念。」十天後，波蘭政府向柏林發出一分外交照會，控訴鋼盔軍團在如此靠近國境邊界的地區舉行集會所造成的「干擾」[25]。

由於財政緊縮配套措施的研擬程序即將告一段落，布呂寧必須決定其所欲發布的宣言內容。五月三十日，他召集內閣成員進行討論。儘管有壓力迫使他鋌而走險，他還是決定按照原定計畫——內外口徑不一致，同時亦不採取任何具體行動。他以為可以營造出某種錯覺。這套招數與縈繞著這場會議的不祥氛圍十分相襯。一場異乎尋常的劇烈雷雨正在柏林肆虐，風急雨驟的噪音令人暈頭轉向，有如鴨子聽雷[26]。

這場會議再次以得不出結論為結局告終。素有拖延習慣的布呂寧，不願意受制於特定的措辭及用語。在此同時，財政緊縮配套措施的細項已經定案，並於六月三日星期三晚上，就在布呂寧和庫爾提斯出發前往契喀爾莊園的數小時前，經由興登堡總統批准。這是德國不得不吞下的苦果。此次財政緊縮配套措施的主要項目包含：整體開銷金額縮減一億國家馬克、調降退休金及保險福利、調升糖稅及石油進口關稅、加課危機稅，以及大幅調降公務部門薪資，降幅介於百分之四到六之間，連同總統、總理及各部部長的薪資也一併比照辦理。整體而言，自出現危機以來，高層官員的薪水已經被砍了百分之三十[27]。

在取得興登堡的同意之後，內閣成員針對布呂寧和庫爾提斯造訪英格蘭的行程展開了討論（附圖12）。總理對於此行的期望不高：「媒體太過關注這趟行程，顯得小題大作。我們應該要適度地踩剎車。英國政府會想要討論重整軍備的問題，我們則是必須提出賠償方案的議題。想必，在契喀爾莊園的會面是達不成協議的。」至於宣言的部分，內閣成員決定在布呂寧乘坐汽船前往英格蘭的途中，透過電報發送草稿給他。就這樣，德國代表團在近午夜時分登上了火車。布呂寧和庫爾提斯僅指派了三名官員同行——任職於總理官署的埃爾溫·普朗克（Erwin Planck）、外交部的利奧波德·馮·普萊森男爵（Leopold Baron von Plessen），以及外交部口譯官保羅·施密特（Paul Schmidt）。財政部技術專

附圖12.　總理海因里希・布呂寧（左）、英國大使霍勒斯・朗博爾德爵士（中），以及外交部長尤利烏斯・庫爾提斯（右）在出發前往契喀爾莊園之前，於柏林列爾特（Lehrter）火車站的合影。

家皆未入選代表團[28]。

這一行人搭乘火車來到靠近漢堡的庫克斯港市，翌日上午即由此處登船出海。布呂寧在此行期間的所見所聞，更加深了他認為自己只能夠藉著在賠償方案的議題上採取更加強硬的態度來穩定國內情勢的想法。口譯官施密特在他的回憶錄中寫道：「為了預防暗殺行動及其他事件的發生，警方封鎖了整個船塢。我們在走上船的短短幾步路程中，受到數名員警的『保護』。可是，警方沒有將現場的碼頭工人也列為防範對象。那群工人一認出布呂寧，便紛紛拋下手中的繩索及工具走近我們。他們揮舞著拳頭、大聲咆哮道：『讓人民挨餓的獨裁者下台！』儘管有警察居中斡旋，在我們登船的過程中仍然上演了這令人神經緊繃的一幕。」布呂寧並沒有因為這件事情感到非常不悅。他知道國際媒體將會報導這場騷亂。而這將能讓全世界看見，德國的政治局勢變得有多麼危險[29]。

德國代表團在六月五日星期五上午抵達了英格蘭南岸。他們接著改搭英國皇家海軍驅逐艦溫徹斯特號（HMS Winchester）前往南安普敦，在那裡會見市長。然後又搭乘一輛開往倫敦的特別列車，於午後不多時到達滑鐵盧車站。在現場迎接他們的有首相拉姆齊．麥當勞（附圖13）、外交大臣韓德森，以及「一大批民眾，其中包含許多居住在倫敦的德國僑民」，《泰晤士報》如是報導。幾小時後，布呂寧和庫爾提斯在其踏上英國土地的第一個晚上即將下榻的卡爾頓酒店（Carlton Hotel）與英國及外國媒體舉行會談。總理大人極力敦促英國大眾認清現況的危急程度。「現任德國政府會盡其所能地維持完好健全的財務政策，但是這意味

附圖13.　英國首相拉姆齊・麥當勞。

著，我們必須向各個階級的德國人民施加異常沉重的負擔。德國的政治壓力非常緊迫。激進主義正在滋長，而我們很清楚地知道，單憑我們自己不可能解決所有問題。這些問題是所有國家共有的。德國內閣相信，唯有等到世界上所有國家願意真正攜手合作之時，這些問題才有可能解決[30]。」

晚間，布呂寧和庫爾提斯受邀參加英國外交部所舉辦的宴會。當時社會上有頭有臉的重要人物盡皆到場，包括有英國內閣成員、英國各個自治領地派駐在倫敦的高級專員、英國下議院與上議院發言人、坎特伯里大主教（Archbishop of Canterbury），以及反對派勢力主要代表人物，包括勞埃德．喬治（Lloyd George）、史丹利．鮑德溫（Stanley Baldwin）與奧斯汀．張伯倫（Austin Chamberlain）。此外還有多位將軍、英格蘭銀行行長、倫敦市長、眾多學術性學會的主席，以及多名資深官員。布呂寧形容現場的氣氛「冷若冰霜」。餐後招待會的性質比較沒有那麼拘謹，布呂寧因此得以與其他人展開個別談話，尤其是和前首相勞埃德．喬治有了對話的機會[31]。

當晚稍後，布呂寧總算收到了內含宣言文稿的電報。這封電報本該在他抵達英國前的航程期間送達，但是柏林的內閣成員全都被這項任務給難倒了。在最後一次開會過程中，負責起草撰稿的副總理暨財政部長迪特里希，與另外兩名部長因為論調風格起了激烈爭執。「小資產階級在爭辯誰的德文寫得比較好」，謝弗在日記中寫道。飽受批評以至於勃然大怒的迪特里希最後直接步出總理官署，他的助理還得將修改過後的文稿拿到他的公寓。無論導致延遲的理由為何，布呂寧都不甚滿意。隔天一早，他告訴德國外交部一名資深官員，這篇宣言的用字遣詞太過偏激，倫敦當局不可能和顏悅色地接受。一小時後，德國內閣便依照總理的要求，再次開會以修潤減低文稿語意的銳利程度[32]。

午餐後，德國代表團乘坐專車前往英國首相專屬的鄉間別墅，坐落於倫敦西北方大約四十英里處、風景優美的契喀爾莊園。車隊由新聞記者及攝影師尾隨同行。一行人抵達之後，先享用了午後茶點。布呂寧嘗試要切入正題，可是麥當勞和韓德森對政治話題顯得意興闌珊。為了緩和氣氛，他們先去外頭散散步，接著一起進到圖書館。現在，可以開始談正經事了。第一回合的對話沒有達成和解。布呂寧試圖說明德國所遭遇到的經濟及政治困境，但是英國方面並不認同他的論點，韓德森更是表示無法接受。兩個小時後，他們又到公園去走走。站在籬笆前，拉姆齊・麥當勞突然開口問布呂寧對於英格蘭銀行行長蒙塔古・諾曼（Montagu Norman）所抱持的悲觀觀點有何看法。對布呂寧來說，這是暢談全球經濟與德國艱難處境的大好時機。布呂寧覺得，麥當勞好像很讚賞他的論點。布呂寧為了撰寫以「英國民營鐵路在危機時刻與國家之間的關係」為主題的博士論文，曾經在倫敦及曼徹斯特待過將近三年時間，所以他講起英文十分自在，也能與麥當勞有情感交流[33]。

晚餐席間，麥當勞和布呂寧沒有再進一步深入探討相關話題，反而談論起宗教問題。令人意外的是，本身是喀爾文教徒的英國首相，與身為天主教徒的德國總理在許多層面上意見相投。而在此同時，有多家德國晚報刊登了第二次緊急政令的相關措施，以及涵蓋以下聲明的宣言：

我們已經用盡全力去達成由先前戰爭所衍生的義務。我們也為此廣泛地尋求外國的援助。情況沒有辦法再繼續這樣下去。時至今日，由於集結了所有百姓所提供的精神、體力與儲備物資，德國政府有權利也有責任為了民眾向世界宣布：我們人民被迫承受的貧困與匱乏已經達到了極限。《楊格計畫》所立基的前提已經由後續發生的事件證實為錯誤。《楊格計畫》並未如同所有有關人士所設想的，為德國人民帶來它本應提供以及原先一再承諾的解救。我國政府了解到，德意志帝國面臨到極度不穩定的經濟與財務情勢，迫切須要解除無法負荷的賠償義務。這也是促成全世界經濟復甦的先決條件[34]。

翌日上午，麥當勞尚未得知有關這則宣言的消息。反倒是昨天深夜，英格蘭東部及中部地區經歷了數世紀以來首次地震的傳聞，令他感到焦躁不安。早餐後，眾人在圖書館二樓舉行正式會談。與會成員包括麥當勞、韓德森、英國貿易委員會（Board of Trade）主席、布呂寧、庫爾提斯，以及口譯官施密特。英國外交部的羅伯特・范西塔特爵士及財政部的弗雷德列克・李滋羅斯爵士也一早就從倫敦驅車前來參與這場會談。會議氣氛十分輕鬆。討論開始不久後，麥當勞請德國口譯官施密特去拿一分文件，施密特卻因為那扇暗門被喬裝成了一面書架而遍尋不著門路。英國首相為此笑得樂開懷[35]。

布呂寧趁此機會重申前一天曾向麥當勞做出的解釋：「德國政府若是再繼續這樣下去，勢必會引發嚴重的社會動亂與威脅。」英方承認布呂寧所面對的經濟及政治困難，然而對話還是無疾而終。李滋羅斯試著居中調解，可是雙方的意見沒有共同點。布呂寧認為，英國外交部及財政部採取了與法國一致的立場，都不願意做出任何妥協[36]。

就在這個時候，英格蘭銀行行長蒙塔古·諾曼登場。在聽取首相簡短的前情提要之後，諾曼為對話的方向開啟了全新的局面。他認為，奧地利危機是最為要緊的一點。「除非每一個人都願意參與重建工作，要不然災難一定會發生。」面對德方，諾曼表示：「我並不想要貶低德國政府所面臨到的難題，但是這個問題並沒有那麼緊急。德國至今已經歷過兩、三次對於任何其他國家來說可能具有毀滅性的財務危機，而它一再展現出了神奇的復原能力，這次一定也能撐得過去[37]。」

關於奧地利信貸機構的危機，蒙塔古·諾曼所言甚是。情況確實變得十分危急。法國還在阻攔國際清算銀行出借第二筆貸款，因為奧地利不肯放棄其與德國的關稅同盟計畫，副總理紹貝爾依舊拒絕讓步。還要再過一個星期，奧地利的危機才會受到控制。而諾曼在其中扮演了關鍵的角色。英格蘭銀行出手提供了一筆緊急短期信用貸款，由外國債權人所組成的國際財團也同意接受暫停償債協議（standstill agreement）[38]。

然而，諾曼徹底低估了德國情勢的危險程度，麥當勞及其他英國官員也如出一轍。英方雖然同情德國的處境，卻不願意提供任何協助。相關話題先是就此打住，旋即又朝著另一個意想不到的方向展開。在會議暫停期間，羅伯特・范西塔特爵士收到了英國駐華盛頓大使所傳來的電報。隨後，待雙方再次會面、欲繼續談話之時，麥當勞立刻告訴布呂寧：「我剛才收到三封來自華盛頓的重要電報，根據美國報紙的報導，柏林昨天發表的宣言令美方相當難以接受，並有可能嚴重影響德國對美國的信譽[39]。」

這個情形還真是叫人尷尬。距離德國公開發表這篇宣言已經超過了十二個小時，與布呂寧和庫爾提斯齊聚一堂的英國首相，竟然對此事毫不知情。是一直到英國駐美大使致電倫敦之後，麥當勞才曉得事情的發展。英國週日出刊的報紙並不是沒有刊登來自德國的新聞。但是由於這條新聞沒有登上頭版，似乎就沒有人注意到它。舉例來說，《星期日泰晤士報》（*Sunday Times*）雖然有刊出關於緊急政令和宣言的報導，文章的篇幅卻很短，而且被編排在第十五頁。另一方面，這個情況也令德國十分難堪。他們打好的如意算盤是要向國內民眾示意政府有決心爭取修正賠款協議，但是他們沒有打算要激怒外國政府、外交官及投資人。很顯然地，這項計畫完全泡湯，現在更是起了反效果[40]。

麥當勞提議為現場的德國賓客朗讀電報內容。布呂寧有些不明所以地接著表示：「我不明白為什麼華盛頓會這麼不高興。這篇宣言完全沒有提及延期償付，它只不過是在重申我和庫爾提斯博士曾多次於帝國議會做出的聲明而已。」麥當勞回答：「公開聲明，往往會比在議會演講期間所做的表述更令人嚴正以待。」蒙塔古·諾曼附和道：「最後一段話，也就是，『德意志帝國的經濟及財務情勢不可避免地必將迫使德國得以解除難以承受的賠償義務』，表達的語氣很斷然。我從來沒有看過這樣的文稿，因此我很能理解美方的反彈。在我看來，這分聲明完全顛覆了事態。我非常希望德國政府在未來幾週內不會再出現類似的驚人之舉。」庫爾提斯試著向他做出保證：「我方沒有準備要再發表任何宣言。」

隨後，麥當勞為這場會議作結：「我想我們所能討論的範圍大致就到此為止。我們有必要向媒體發布公報，也必須給法國和義大利一個交代，向他們說明我們所討論的內容。」幾位英國及德國官員很快便擬好草稿。新聞公報包含以下敘述：「德國部長們特別強調，德國既有情勢所面臨到的困難以及減輕債務的必要性。」協商過程持續至晚間六點，之後雙方人馬便分道揚鑣。布呂寧回憶道：「告別時的氣氛雖然親和友好，卻也令人感到沮喪消沉[41]。」

此行的其餘部分比較能讓人提起興致。當天稍晚，布呂寧接受了工黨下議院議員阿奇博爾德．徹奇（Archibald Church）的盛情款待，後者在促使麥當勞邀請其前來契喀爾莊園一事上，曾發揮重要影響力。次日，他與《經濟學人》編輯沃爾特．雷頓（Walter Layton）見面，並覲見英王喬治五世，英國國王針對一連串的預算及債務資料，滔滔不絕地發表了二十分鐘的高見。他也與英國財政大臣斯諾登進行了一場長談，斯諾登對於布呂寧的諸多顧慮皆深有同感。當日下午，他還在皇家國際事務研究所〔查塔姆研究所（Chatham House）〕發表演說。布呂寧在他的回憶錄中寫下「當我走進演講廳，我覺得咒語好像被解除了。我獲得了觀眾的如雷掌聲。」這趟訪英之旅就在德國大使館賓客雲集的熱鬧招待會中畫下了句點[42]。

儘管如此，布呂寧和庫爾提斯在六月九日星期二上午離開倫敦時，依然深知此行幾乎未有斬獲。當他們在德國船艦歐洲號（Europa）上，與自美國返程的美國大使薩克特及其夫人見面之後，更是令他們的希望幻滅。薩克特再次捎來了壞消息。他告知德方：美國無法直接給予協助。」更有甚者，依據布呂寧的參謀長普恩德所述，第二次緊急政令在國內颳起了一場「颶風」。那篇宣言在德國境內雖然廣受好評，卻無益於平息德國人民對於下一波財政緊縮措施的抵制。此外，由於投資人害怕德國失去清償能力，該篇宣言也誘使德國貨幣出現了擠兌潮[43]。

當德國代表團連同美國大使及其夫人在不萊梅港登陸上岸，他們遇到了比數日前在他們啟程離開德國時所遇到民眾更加憤怒的群眾。這一次前來示威的不只有推崇共產黨的碼頭工人，也包含了納粹分子。德國又再一次成為了國際新聞界的主要焦點。六月十五日出刊的《時代》雜誌，即以布呂寧冷峻的臉孔作為封面下標題：「德國新一任鐵血宰相[44]。」

第八章　華盛頓伸出援手

德國貨幣擠兌潮快速升溫。越來越多外國投資人自德國銀行撤資，為了拿出錢來還給這些亟欲逃離德國的儲戶，各家銀行不得不向德意志帝國銀行取得必要的外匯。六月第一個星期，德意志帝國銀行的黃金及外匯存底便已減少一億六千三百萬國家馬克，相當於百分之六的降幅。而在六月十日星期三，布呂寧回到柏林的那天，德意志帝國銀行損失了近七千多萬國家馬克。覆蓋率也就是黃金及外匯存底相對於所有流通貨幣的占比正在快速逼近百分之四十的法定下限值。德國能否堅定地維持金本位制，益加面臨挑戰[1]。

不過，德國貨幣擠兌潮並不是布呂寧自英格蘭返國之後唯一須要解決的問題。六月初時，德國第二大規模的商業銀行達納特銀行傳出了穩定性堪憂的消息。一開始，是由共產黨小報《晚間世界》（*Welt am Abend*）先散播出達納特銀行即將倒閉的謠言。接下來，主流媒體便刊出文章，報導總部設立在不萊梅的紡織公司諾德沃勒（Nordwolle）資產帳面價值大幅下跌的新聞。諾德沃勒是達納特銀行最重要的企業客戶之一。德國銀行體系虛有其表的假象開始出現了裂痕[2]。

當然，這還不構成銀行危機。另外三間總部設於柏林、擁有多家分行的德國銀行（Deutsche Bank）、德勒斯登銀行（Dresdner Bank）以及德國商業銀行（Commerzbank）依舊維持著穩定的運作。其他兩家未開設分行的柏林貿易公司（Berliner handelsgesellschaft）與國營的德意志帝國信貸公司（Reichskreditgesellschaft）也未受到影響。然而，達納特銀行的商業模式和德國銀行、德勒斯登銀行以及德國商業銀行是一樣的。這幾家銀行主要仰賴的都是外國短期存款，使它們極易受到貨幣危機的影響。達納特銀行所面臨到的諾德沃勒問題固然嚴重，然而真正讓這個問題變得具有危險性的原因是，達納特銀行同時還遭遇到了外國存款撤資的苦境。債務與資產兩方面的虧損，為醞釀銀行危機備妥了適宜的溫床[3]。

達納特銀行之所以會第一個遇到麻煩，是因為它在一九二〇年代曾經積極好勝地採取急起直追的策略。由達姆施塔特貿易與商業銀行（Darmstädter Bank für Handel und Gewerbe）及國家銀行（Nationalbank）於一九二二年合併而成的達納特銀行，在當年是德國第四大銀行，不過它企圖成為國內首屈一指的金融機構。在其背後推動著這項進步的推手，是個性充滿幹勁、本身也持有達納特銀行可觀股份比例的常務董事雅各布．戈德施密特。他出身自漢諾威一帶財力中等的商人家庭，戈德施密特曾經憑著獨立交易人的身分，在柏林證券交易所單槍匹馬闖天下。一九一八年，時值三十六歲的他，與哈爾馬．沙赫特一同成為了國家銀行執行董事會的一員，而後者在合併案結束的一年之後，便離開達納特銀行，躋身為德意志帝國銀行總裁[4]。

曾任股市交易人的戈德施密特能夠坐上大型全能銀行（universal bank）的領導高位實屬罕見，但他確實帶來了實質的影響。在他的領導，達納特銀行把重心放在投資業務上，購買大型企業公司的股份，並協助企業進行合併及收購。舉例來說，戈德施密特在聯合鋼鐵公司（Vereinigte Stahlwerke）的成立，以及為欲擴大版圖的諾德沃勒提供財源與作保一事上，都起了關鍵性的作用。他的下一步計畫，即效法通用汽車公司的典範，打造出　個汽車工業企業集團的理想雖然終告失敗，卻展現出了他想主導德國企業界的野心。到了一九三一年，聘請戈德施密特坐鎮董事職位的德國公司，已不下一百二十三家。此外，達納特銀行也很專精於為地方當局提供資金，這使得戈德施密特成了政治圈內無人不知、無人不曉的一號人物。而且，相較於其他競爭者，達納特銀行總是願意支付明顯較高比率的股息。為了促進達納特銀行的快速擴展，戈德施密特大規模地進行債務融資，其中有很大一部分是來自外國及短期資金。達納特銀行在一九二九年的資本適足率，也就是銀行本身擁有的資源相對於其總資產所占的比例，只有百分之四點八，並不足以抵擋重大的經濟衝擊。相對來說，德國銀行、德國商業銀行及德勒斯登銀行的資本適足率則分別為百分之八點三、百分之六點一及百分之五點七[5]。

戈德施密特並不擔心自己依賴外國短期信貸，也不掛心自己與企業客戶之間的緊密關聯性。相反地，他還曾透過公開演講的場合，提倡金融全球化才是帶領德國往前邁進的正確之道。因此，當他在五月中旬得知諾德沃勒的鉅額損失，以及不是只有達納特銀行首當其衝，就連德勒斯登銀行也承受了力道不小的衝擊時，整個人啞然失色。向戈德施密特呈報這則消息的人是達納特銀行經理馬克斯・多奈爾（Max Doerner），他雇用了私家偵探去查明諾德沃勒的真實狀況。戈德施密特在知悉事態之後，悲痛欲絕地大喊：「諾德沃勒玩完了，達納特銀行玩完了，連德勒斯登銀行也玩完了。還有我也玩完了。」隔天，戈德施密特在與諾德沃勒董事長G·卡爾·拉胡森（G. Carl Lahusen）談話時，甚至出於憤怒與絕望，拉了一把椅子朝拉胡森的頭砸過去[6]。

達納特銀行雖然是個極端的案例，但並不是例外，這使得投資人開始了解到，不是只有德國的財政狀況受到威脅，就連德國銀行體系的穩定性也備受威脅。唯一的好消息是，國內儲戶還沒有開始感到恐慌。五月底至六月初，民眾持有的貨幣數量尚未增加[7]。可是，德國儲戶的耐心能夠維持多久呢？

除了日益加劇的金融與貨幣問題，布呂寧還得處理不斷擴大的政治危機。「緊急政令所激起的強烈抗議已經擴展為一場颶風。」國務大臣普恩德說道。共產黨、納粹黨，以及胡根貝格所率領的德國國家人民黨協議針對新的財政緊縮措施發動聯合攻擊，其最終目的便是要扳倒布呂寧內閣。他們的計畫是要迫使政府重新召開帝國議會。這些激進政黨認為，如此一來便有可能致使德國政府放棄履行部分債務。而由此所造成的金融混亂，便將強迫興登堡拔除布呂寧的總理身分。

激進政黨確實有可能贏得帝國議會長老理事會（Council of

Elders）的多數票同意，長老理事會是由所有政黨按其權力比例，共計推派出二十三名代表所組成的單位。長老理事會有權力決定是否應該重新召開帝國議會。一九三一年六月十一日星期四，德國人民黨代表贊成激進政黨欲重新召開帝國議會的計畫，雖然說，身為執政聯盟的一員，德國人民黨代表理應是要支持財政緊縮計畫的。在德國人民黨召開這場關鍵會議之前，布呂寧已經向其手下大臣明示，若要重新召開帝國議會，他會辭職下台。而在此會議進行的期間，外交部長庫爾提斯曾告誡其政黨成員不要加入極端政黨的陰謀，可是警告無效。投票程序在午夜前不久舉行，有十五名代表贊成重新召開帝國議會，十三名代表反對。德意志帝國放棄履行部分債務的可能性成真了[8]。

在此同時，共產黨在柏林、漢堡及其他重要城市組織所謂的「飢餓遊行運動」，令情勢更加緊繃。共產黨街頭鬥士與警察勢力於六月十一日星期四晚間爆發了極為猛烈的衝突，其中最激烈的暴力衝突發生在卡瑟爾（Kassel）。據《福斯日報》報導，共產黨部隊在深夜十一點三十分左右持槍攻擊警方，迫使警方開槍回擊。雖然警方大多是對空鳴槍，還是造成多名人士受傷，並有一名九十歲鞋匠遭流彈擊中，被人發現死在公寓。暴亂持續至凌晨。警察逮捕了四十五名共產黨員，包括一名疑似在前一晚開槍射殺一名基層員警的嫌疑犯。「飢餓遊行運動」隨後仍持續進行了三天[9]。

一天後，柏林的政治危機在六月十二日星期五發展到了新階段。社會民主黨代表威脅道，假使布呂寧不肯發放青年失業救濟金，他們就要支持重新召開帝國議會的動議。而在同一天，總理大人前往興登堡總統在普魯士諾伊德克的家族莊園，向他報告在英格蘭的會談內容以及柏林目前的情況。興登堡給予總理支持，要他繼續按照他所想的去做。興登堡也賦予布呂寧在緊急情況下動員德意志國防軍的權力。很顯然地，布呂寧並沒有排除國內爆發大規模內亂的可能性[10]。

因政治危機加劇而倉皇失措的投資人加快了撤資的速度。六月十二日星期五，社會民主黨出招要脅布呂寧那天，央行收到的提領要求創下了單日新紀錄——當日提領儲備金的總額達到了兩億國家馬克。隔天股市收盤後，德意志帝國銀行董事會於下午五點召開特別會議，決定將官方利率由百分之五調升為百分之七，以期遏止撤資潮。戈培爾滿心歡喜地在日記中寫道：「布呂寧在努力掙扎求生。他一旦失敗，下一個稱王的就是我們了。大難已經臨頭，就等在門外[11]。」

然而，布呂寧並沒有打算要認輸。六月十五日星期一，他嘗試要取得帝國議會長老理事會的多數票同意。他召集了執政聯盟中所有政黨的領袖，希望能夠軟化他們，使其同意讓步。他在第一回合的會議中並未召集社會民主黨的議會領導人，包括帝國議會主席保羅·勒伯、普魯士內閣首長奧托·布勞恩，以及普魯士內政部長卡爾·塞弗林（Carl Severing）等人，而是傾向於指望那些擔任政府高層職位的社會民主黨員。布勞恩和塞弗林兩人皆須倚靠布呂寧所屬的中央黨所給予的支持。因此，拒絕支持總理有可能導致他們失去普魯士議會的多數票[12]。

布呂寧運用了各種雄辯技巧來進行脅迫恫嚇。路德則誇張地說明德意志帝國銀行的黃金及外匯存底現況來為布呂寧背書。接近兩個小時後，除了勒伯、布勞恩及塞弗林三人以外，所有政黨領袖盡數離席。現在，社會民主黨的議會領導人才被允許加入討論。布呂寧與路德再次描繪了若是重新召開帝國議會所將迎來最為黑暗的未來。在那之後，布呂寧、路德及幾位部長也與不屬於內閣陣營的政黨領袖開會。對話持續直到午夜[13]。

這項策略雖然略有成效，這場仗卻還沒有打完。次日上午，也就是在六月十六日，布呂寧收到奧托・布勞恩傳來的祕密訊息，表示社會民主黨反對重新召開帝國議會，但是仍然堅持要召集預算委員會。總理大人對於這個結果還是不滿意。他要的是他們徹底明確地支持他所提出的財政緊縮計畫，於是他告訴內閣成員，假使最後是社會民主黨占上風，他會向興登堡總統遞出辭呈。所有部長一概表示願與總理同進退。中午時分，帝國議會長老理事會召集會議，欲決定是否應該重新召開帝國議會。普恩德向其傳達了倘若總理的意願遭到忽視，內閣成員決議全數請辭的決心。長老理事會於是決定不要重新召開帝國議會，但是由於社會民主黨員依舊堅持要重新召開預算委員會，因此無法達成最終決定。新一輪的協商過程開始。晚間六點，長老理事會再次召集會議，最後決定順從總理的意願。激進政黨孤立無援，因為人民黨和社會民主黨決定聯手支持總理[14]。

布呂寧的勝利暫且避免了危機全面爆發。國務大臣普恩德在預期最糟糕的下場之後，感到莫大的寬慰：「極其重要的一天現在步入了尾聲。時辰已近子夜。但是我還有些感觸必須記下來。我們贏了！沉重的壓力從我們身上卸下了。外頭的世界，日子照常在過，只有極少數的人才知道或是有感覺到，內戰也許迫在眉睫。要是沒有今天的成果，未來的十四天我們將付不出薪水、養老金及戰爭撫恤金等等。不過我們贏了[15]！」

政治危機的解除只有暫時減緩德國貨幣擠兌潮。一九三一年六月十九日星期五，就在布呂寧取得勝利的三天之後，德意志帝國銀行損失的黃金及外匯存底總計達到將近七千萬國家馬克。如今，覆蓋率僅略高於百分之四十的法定下限值。為了不讓存底比例低於下限，德意志帝國銀行決定限制其與私人銀行進行外幣交易的現鈔金額。可是，這套辦法並未能有效緩解危機。它只是讓那些為了補償外國短期存款減少，而必須取得德意志帝國銀行外匯存底的私人銀行承受更大壓力罷了[16]。

六月十七日星期三，紡織公司諾德沃勒正式證實直接損失金額為兩千四百萬國家馬克，子公司損失金額為三千萬國家馬克。債務累計總額達一億三千六百萬國家馬克，股本則只有七千五百萬國家馬克。諾德沃勒也透露，其積欠達納特銀行的金額為兩千萬國家馬克。達納特銀行的股價立刻受到了影響。其他銀行也因為經濟蕭條與貨幣危機的雙重打擊，開始出現周轉不靈的問題，其中最明顯的是萊茵省州立銀行（Landesbank of the Rheinprovinz）。在一九二〇年代的經濟繁榮期，這家銀行曾草率地將其短期儲金轉來做為向西德各城市及自治市長期放貸的資金來源，結果這些市鎮現在全都因為經濟危機而面臨財政困難。在這家銀行首度蒙受損失時，其執行董事會並沒有向普魯士內政部監管部門透露真實的虧損數字。但是後來，還是有一名資深官員發現了虧損情事，並將此事上報柏林。內閣成員遂於六月十八日星期四接獲此消息[17]。

德國政府由於沒有定期接獲消息，以及時理解這家銀行所面臨的問題而被擺了一道，屈居於劣勢。舉例來說，德意志帝國銀行在六月十二日之前都沒有收到有關諾德沃勒的音訊，而且詭異的是，它獲悉此事的資訊來源並不是來自德國，而是來自英格蘭銀行。一股絕望感開始四散蔓延。六月十九日星期五晚上，生性愛炫耀賣弄的德國投資銀行Mendelssohn & Co.阿姆斯特丹分行董事弗里茨・曼海默（Fritz Mannheimer）前來會見漢斯・謝弗。謝弗在他的日記中寫道：「曼海默在臨走之前來了一趟，神情非常焦躁，他視這裡發生的事為整體經濟倒塌的前奏，並且認為這場危機會把每個人都推入深不見底的深淵。」《經濟學人》以若有所思的口吻敘述道：「不曉得自一九三〇年全球經濟蕭條以來，那些負責引導、操控金融及經濟事務的人們，是否曾經經歷過比過去十天還要更加令人焦急的日子[18]」。

然後，就在突然之間，從華盛頓那裡傳來了希望，中止了這一連串的壞消息。六月二十日星期六早晨，德國報紙報導，美國總統赫伯特·胡佛決定「採取主動」。就在前一晚，胡佛告知美國媒體有關他與國會領導人針對如何促進美國及歐洲的經濟復甦，以及如何支持德國等事項所進行的對話。然而，各界還不清楚應該如何解讀華盛頓釋出的訊息，因為胡佛的發言依舊含糊不明：「這些對話的方向主要是為了鞏固德國的現況。我們還沒有得出明確的計畫或結論，不過我與兩黨領袖會面所得到的回應非常令人滿意。目前有關任何計畫或方法所做出的任何陳述純屬臆測，並無實質依據[19]。」

因此，德國官員在星期六上午依然被黑暗所籠罩，大多數人都因為持續的經濟危機而感到灰心喪志，不敢對此抱有希望。當國務大臣謝弗聽聞一名派駐柏林的美國記者提及，胡佛正在考慮針對所有戰爭相關債務撤銷部分比例，他謝絕回應。由於不斷上演的貨幣危機而感到心力交瘁的德意志帝國銀行總裁路德，則是維持悲觀的看法。路德打了通電話給謝弗，告訴他德意志帝國銀行仍持續在損失數以千萬計的外匯存底。如今，就連尋常百姓也想要換取相對穩定的外國貨幣。謝弗力勸路德致電給人在倫敦的英格蘭銀行行長蒙塔古．諾曼，以向英格蘭銀行及其他央行取得信用貸款。路德雖然百般不願意，最後還是打了電話給諾曼。只是，交涉的過程並不順利[20]。

下午四點三十分，布呂寧的經濟專家團隊按照預定時間開始討論賠款議題[21]。由於不清楚胡佛葫蘆裡賣的是什麼藥，每個人都在猜測，德國內閣必定會選擇延期償付賠款。但是，就在會議開始前十分鐘，有另一條令人訝異的消息傳來——美國大使薩克特致電總理官署，透露他剛剛接到一通由華盛頓打來的緊急電話，告訴他胡佛打算宣布准許所有戰爭相關債務延期一年償付的消息。薩克特說，等他一收到電報，證實這項消息屬實，馬上就會趕來總理官署。布呂寧對此大感震驚，因為延期償付這個主意壓根就沒有被提出來考慮過[22]。

下午五點十五分，薩克特來到了總理官署。他概述了胡佛意圖呼籲各界允許所有戰爭相關債務延期一年償付的計畫，並且說明美國總統須要德國政府向他提出請求，才能號召國內民眾群起支持。薩克特補充說道，為了說服美國人民接受這件事，胡佛須要興登堡總統提出聲明，描述德國經濟的嚴峻苦境，並含蓄地提及暫時減免債務的重要性。薩克特須要德國快速做出回應，因為胡佛想要確定德國人贊成他的計畫。可是，興登堡總統人還在他位於諾伊德克的家族莊園裡。初稿雖然準備好了，但是擬稿的過程卻極其艱難，因為有好幾位德國部長及高官都想要在這件事上插一腳。晚間八點三十分，從諾伊德克傳來了總統對於草稿整體大意的許可，一個小時後，布呂寧與薩克特再次會面，欲進行最終定稿。撰寫最終版本的過程花了超過四小時。柏林時間直到凌晨兩點，也就是華盛頓時間的晚上八點，興登堡的信件才被譯成英文，派送到白宮[23]。

結果，興登堡的電報送達得太遲。胡佛的計畫遭人洩漏，迫使白宮在德國的正式請求送抵華盛頓之前，先舉行了新聞發表會，並發布聲明。無論如何，這項計畫都已經開始進行了。胡佛的聲明開宗明義地指出：「美國政府打算給予所有有關政府之間的欠款、戰敗國賠款，以及減免債務等各項負債之本金與利息的償還，為期一年的寬限期，當然，政府積欠私人單位的債務款項不包含在此寬限範圍之內[24]。」

胡佛（附圖14）為什麼會主動提出這項提案呢？回想一九三一年二月，薩克特大使請求他出手援助柏林時，他還沒有

附圖14.　美國總統赫伯特・胡佛。

意願放膽採取行動。現在，他卻忽然決定要有所表現。根據歷史紀錄，胡佛總統一直都很擔心德國的情況，並且漸漸發現到，袖手旁觀所須付出的代價有可能比放手一搏還要高。德國金融崩潰不僅會凍結美國私人信貸，也會破壞美國經濟的穩定性。從這個層面來看，胡佛的聲明十分真誠：「執行這項行動的目的，是為了在來年促成全球經濟復甦，並且幫助美國已經啟動的復原力量擺脫來自國外遲滯的不良影響[25]。」

延期償付賠款的構想並不是什麼新鮮事。自從希特勒在一九三〇年九月的大選中風光獲勝，紐約及華盛頓方面便討論過這個想法。與德國有所往來的美國私人債權人更是大力施壓，希望降低戰敗賠款金額，及所有其他與戰爭有關的債務。但是，華盛頓大多數政客都認為，美國人民絕不會接受延期償付債務的提議。一九三〇年十月，胡佛告訴新上任的聯準會主席尤金·邁耶（Eugene Meyer），債務減免在政治層面上是不可行的。邁耶並沒有接受這個說法，可是直到一九三一年五月上旬，胡佛總統都仍堅守這個論點[26]。

後來發生的一連串對話及事件，似乎督促胡佛思考了他所以為的不可為之事。其中一個重要的助力是來自於他在五月六日時，與短暫返美度假幾週的薩克特大使之間的對話。大使告訴總統：「事態逐漸要發展到關鍵點了，我並不覺得目前會有任何立即性的危險，但是我相信，要是經濟趨勢不能在秋天之前有所轉圜，德國那邊的狀況一定會垮掉。」胡佛問了大使一個問題：「你認為暫時中止《楊格計畫》所規定的賠款項目會帶來什麼好處嗎？」薩克特堅定地回答：「我認為那會有幫助。」於是，胡佛承諾他會先研究整體情勢，等到月底再與薩克特進行商討。薩克特隨後在與國務卿亨利．史汀生共進晚餐時，也重申了這項警告。到了隔天，也就是五月七日，胡佛隨即要求美國商務部及國務院提供所有有關政府間債務、軍事支出及貿易的資料[27]。

幾天後，胡佛向史汀生提到薩克特對他說的話。這是第一次，胡佛暗示到有關「經濟蕭條的程度太過嚴重，以至於造成政府間債務的整體結構在不景氣的情況下超出了國家的支付能力」的可能性。接下來幾天，胡佛得知奧地利信貸機構危機日漸升溫的消息，從而加深了他認為自己必須要有所行動的想法。「那證實了薩克特對於該地區危險性的看法」，他在日記裡如此記述[28]。

同時，胡佛也主動接觸了五月四日至七日在華盛頓參加國際商會（International Chamber of Commerce）會議的德國代表。他清楚了解到德國人「抱持著最悲觀的看法」。五月八日，比利時代表受邀出席白宮晚宴。據他們表示，比利時的情況「還不錯」，德國的狀況就「很糟糕，不論是從社會還是經濟的角度來看[29]」。

不過，胡佛在此時仍未準備好要採取實際行動。他不是那種會輕易冒險的人，因為他喜歡花時間審慎思考。史汀生事後在日記中描寫道：「我知道，面對這樣的陳述，總統會依循他慣常的心理反應來做出決定，在我和他一起度過的每一場重大危機中……他總有一段時間會不停設想所有可能遭遇到的困難，並為此感到十分氣餒。」因此，六月二日，當薩克特在啟航返回德國之前短暫造訪白宮，胡佛沒有對他做出承諾，而是解釋道：「我們有必要協助這場危機落幕，他可以向德國政府保證，我們會力圖給予幫助。我告訴他在我看來，考量到各國在經濟蕭條情況下的支付能力，這整個賠款方案及複雜的債務問題應該要（暫時）重新經過檢視，我也要求他在抵達之後，回報德國政府所給出的回應[30]。」

胡佛草擬了一分提議延期償付債務的初稿，並於六月五日與史汀生、財政部長安德魯．梅隆（Andrew Mellon），以及財政部國務次卿奧格登．米爾斯（Ogden Mills）開會時提出。史汀生贊同這個想法，梅隆和米爾斯則是極力反對。胡佛於是斷定，他還須要收集更多資訊。他建議米爾斯去紐約與銀行界人士談談，並請求近日將前往歐洲度假的梅隆在旅遊期間多方打聽資訊。六月十日，梅隆搭乘茅利塔尼亞號（Mauretania）啟程前往倫敦。有記者詢問他會不會討論有關賠款方案的問題，他的回答是：「假如有人會這麼以為，我只能說我很抱歉，我沒這個打算。」他只是想去探望在劍橋攻讀研究所的兒子[31]。

最後，胡佛是被布呂寧內閣於六月六日所發布的宣言，以及「我們的人民被迫承受的貧困與匱乏，已經達到了極限」這句煽動性聲明所引發的德國貨幣危機給逼得採取行動。六月十三日及十四日，人在「拉皮丹」（the Rapidan）——建於維吉尼亞州森林裡的現代化木屋度週末的胡佛，接到好幾通由史汀生和米爾斯所打來的電話，向他報告德國政府的發言「導致中歐銀行突然爆發擠兌潮，而且危機發展的速度比預期得更快」。乘坐英國皇家郵輪茅利塔尼亞號、仍在航行途中的財政部長梅隆也告訴胡佛，「情況非常地危急」。梅隆的想法已經完全改觀[32]。

六月十五日星期一，史汀生傳訊給派駐在倫敦的大使查爾斯・道威斯，要他在梅隆抵達英格蘭之後與之聯絡，並要他鼓勵梅隆與麥當勞進行談話。梅隆於六月十六日星期二晚間抵達倫敦，隨即說服了道威斯支持延期償付債務的構想。梅隆接著與麥當勞及蒙塔古・諾曼展開對話，以了解其對於德國事態的看法，並立即向華盛頓回報英國方面所抱持的悲觀觀點。六月十五日至十七日，胡佛在西維吉尼亞州、印第安那州、俄亥俄州，以及伊利諾伊州舉行巡迴演講。由於了解到眼前已經沒有回頭路，他在搭乘火車橫越中西部的過程中開始與國會領導人進行溝通。他提出延期償付債務的想法，得到了良好的迴響。胡佛也收到一連串由薩克特自柏林發送過來的電報，催促他要盡快行動。六月十八日星期四，回到華盛頓之後，他繼續與國會領導人商談，並且出乎意料地獲得了支持。原先，胡佛是想要等到下個星期再公布延期償付債務的提案[33]。

但是事實證明，在與國會進行多次磋商之後，想要將這樣具有影響深遠力的計畫保密到家是不可能的。六月二十日星期六晚上，有新聞記者打聽到關於這項計畫的消息之後，胡佛舉行了新聞發表會，公布了他的計畫。

這件事情公開之後，投資人的反應歡欣鼓舞。六月二十二日星期一，道瓊工業平均指數躍升超過百分之十，當週後續又持續上漲了百分之六。新聞爆發的當天，楊格債券在阿姆斯特丹及倫敦市場的價格增加了百分之十以上，巴黎市場的價格則成長了百分之七。楊格債券的價格現在又回到了德國於六月六日發表宣言之前的水準。德意志帝國銀行立刻放寬它才剛剛開始實施的信貸限制，允許銀行挪用其黃金及外匯存底[34]。

就政治方面來說，胡佛的計畫在柏林及倫敦獲得了好評。英國首相麥當勞全力為他背書，英國媒體的反應也相當正向。《泰晤士報》在進行客觀陳述的報導中插入了主觀的意見，認為胡佛總統「在全世界都因為政府間債務及戰爭賠款問題而陷入難題的時候，做出了明智之舉。如果這項倡議能夠迅速促使其他國家明智地共同籌劃出應變之道，應該可以阻止一連串將威脅到歐洲經濟、社會及政治結構的金融崩潰事件發生，由這一連串事件所導致的惡果影響範圍將遠遠超出歐洲國界[35]。」

同樣地，德國的主流媒體也很支持胡佛的延期償付計畫。布呂寧總理在一場公開演講中，欣然接受胡佛的倡議：「美國總統於本週日所跨出的歷史性一步，阻止了一場幾乎要壓垮所有國家的劇烈危機，並向那些即將屈服於這場危機的人們伸出了援手，全世界所有人民都深感佩服。德國人民與德國政府帶著由衷的感激之情，接受胡佛總統的提議。這項提案帶領我們看見了歐洲與德國的新希望[36]。」

唯一感到沮喪的，就只有德國的激進政黨。他們希望看見的金融混亂沒有發生。戈培爾在他的日記中寫道：「胡佛的提議真的是一計重拳。它大概會使我們的勝利延後四個月到來。真是叫人火大！德國的中產階級真的有夠愚蠢[37]。」

第九章　終局

在胡佛公布計畫的兩天之後，英國經濟學家約翰．梅納德．凱恩斯在芝加哥舉行了一系列以失業為主題的講座。由於人人都在談論胡佛所提出的延期償付計畫，凱恩斯在演講進入正題之前，也提出了他的看法。他認為那是「一項高明的政策」，但「不是最出色的」。凱恩斯主張，就短期來看，這項提案主要的問題出在，它要求「法國方面做出非常大的犧牲」。而凱恩斯預測，法國政府會「藉由反對配合犧牲來展開反擊」[1]。

凱恩斯的觀點正確無誤。儘管歐洲大部分政府都樂於接受胡佛所提出的延期償付計畫，法國的政府官員卻不願意從善如流（至少可以這麼說）。法國駐華盛頓大使保羅．克洛岱爾在接獲消息後的第一個反應，是派發越洋電報告知巴黎，這項提案「符合美國在採取任何行動時所經常表現出突如其來及誇大其辭的特點，不過這項計畫毫無疑問是受銀行界施壓所做出的回應」。法國媒體的反應也與之相似。右翼報紙《費加羅報》譏諷胡佛的計畫是「一紙令人極為困惑、臨時湊合而成的外交公文」。《費加羅報》的看法與克洛岱爾相同，也認為胡佛實為華爾街的魁儡。與巴黎商業界交情匪淺、擁護自由主義的國會議員尤金·勞蒂耶（Eugène Lautier）則認為，延期償付計畫是「胡佛總統對我國財力所發動的攻擊」。親政府報刊《時報》的言論立場雖然較為拘謹，但是仍然贊同勞蒂耶的論點。在左派陣營方面，初步的反應較為正向。黎昂·布魯姆（Léon Blum）支持胡佛的計畫，因為他以為，國際金融合作將能促成一連串繳械裁軍的處置。然而，僅僅過了兩天，布魯姆就明顯表現出懷疑的態度，聲稱「有必要避免任何混淆與不解」，並且堅持要求德國繼續支付至少一部分比例的賠款。與社會主義勞工運動關係密切的《時代報》（*L'Ère nouvelle*）則寫道：「胡佛先生命令法國服從的方式，就好比是在命令尼加拉瓜一樣，看到我們生氣噘嘴的模樣，全世界還都為此感到驚訝。」對事情進展感到詫異的多名法國政客懷疑，他們淪為了英德陰謀論的受害者。六月二十一日星期天下午，法國財政部長弗朗丹（Flandin）在巴黎的一場招待會上告訴美國大使沃爾特·埃奇（Walter Edge）：「在梅隆先生到訪倫敦，以及契喀爾莊園會談結束之後沒隔多久便發布了這項公告，這在我國的國會政要圈內引起了一些懷疑。」弗朗丹雖然要美國大使放心，他自己並不認為陰謀論是真有其事，但是他也清楚表示，有些國會議員認為，這項公告是將法國排除在外、祕密進行會議之後所形成的結果[2]。

察覺到法國的抵抗恐將演變成難以收拾的局面，華盛頓決定加緊腳步，擴大倡議延期償付的運動。六月二十二日星期一，國務卿史汀生聯繫了人在倫敦的財政部長梅隆，要求他盡快前往巴黎。「我們當然也很不願意這樣打斷你的假期，但是我們認為，在此時此刻做出這項安排，會比任何其他做法都更能夠確保法國接受這項計畫。」美國國務院顯然一點也不同情法國的立場。國務次卿卡索（Castle）在六月二十三日的日記中寫道：「法國人是全世界最沒救的民族，房子都已經燒起來了，他們還在挑剔該怎麼滅火[3]。」

六月二十四日星期三，法國政府詳細說明了為什麼它不願意接受胡佛目前的提案。其中最重要的原因是，法國堅決反對中止《楊格計畫》中所謂的無條件年金——即協議中規定無論是在何種情況下，都不可中止的那部分賠款項目。法國政府主張，若是允許債務得以延期償付，「那些簽名及合約所具有的意義很有可能會受人質疑，連帶地也會讓人懷疑，繼續執行與整體目標背道而馳的程序有何意義」。法國政府也很不能理解，「單單中止償付，並不足以挽救現況」。它認為，問題的根源不在於此：「現在威脅到德國經濟乃至於歐洲經濟的危險，是由其他因素所造成，尤其是因為限制外資信貸及提款所導致的。因此，解決德國危機的辦法，似乎並非只有減少德意志帝國的預算開銷這麼一條路而已，還有信貸延展這個方法[4]。」

為了顯得有建設性，法國政府擬定了另一種方案的計畫。它建議德國應該照常向國際清算銀行支付無條件年金。不過，法國政府願意把它所收到的那部分年金拿出來供德國及其他飽受危機蹂躪的中歐國家私人企業使用，而不是自利。這項計畫也規定，德國將須在延期償付其他債務的一年之後，償還這筆金額。法國認為，如此一來，既不必違反《楊格計畫》的法律核心，亦即無條件年金，短期內也不會造成經濟上的損失[5]。

法國內閣之所以反對胡佛所提出的延期償付計畫，其實有著更深一層的原因，因為法國國會如預期地對這項計畫表達了強烈的反對，美國大使埃奇對他在華盛頓的上司這麼說。德國大使利奧波德・馮・赫施也做出了同樣的結論。六月二十四日，他發電報告知柏林：「法國這裡引起了軒然大波，整體感受非常憤慨與焦躁。如果你不是住在當地、感受到當地氣氛的人，你很難想像胡佛的倡議令法國政治圈有多麼震驚和錯愕。」他也引述了法國眾議院副主席在前一天對他說的話：「法國國會自從簽訂停戰協定以來，不曾處於如此激動的狀態[6]」。

這樣的敘述並非言過其實。法國眾議院的辯論過程十分激烈，從六月二十六日星期五下午三點鐘開始，馬不停蹄地持續進行直到隔天清晨六點半。最後，不信任投票案雖然是以三百八十六票對一百八十九票明確地遭到否決，法國總理皮耶·拉瓦爾心裡卻很清楚，在經過多位發言人的連番盤問之後，他幾乎沒有可以逆風翻盤的空間。由他所領導的內閣之所以還沒有被推翻，全是因為他的政治對手、社會黨成員選擇支持他，而原先與他同一陣線的數十名議員，現在全都拒絕站在他這一邊。辯論結束後，拉瓦爾告訴德國大使馮·赫施，他須要德國盡快派遣一隊部長代表團前來巴黎，唯有如此，他才有可能守得住總理的職位，並且保住胡佛的延期償付計畫[7]。

照法國國會強烈的反對聲勢看來，法國與美國在短期內不太有可能達成協議。絕大多數的法國國會議員都堅決反對中止無條件年金。至於美國方面，則是基於兩個原因拒絕接受法國所提出的反向建議。第一，按照法國的提議，德國政府在延期償付期限結束後的第一年所須支付的總金額將會比之前還要高。美國人主張，「這項提案根本沒有給予德國喘息的空間」。第二，法國政府不只是讓德國有權使用其支付給國際清算銀行的資金，它也打算允許其他中歐國家，例如與法國結盟的波蘭和捷克斯洛伐克使用這些資金。相反地，美國人認為，德國須要盡可能獲得越多的協助越好[8]。

除此之外，美國也擔心，法國政府再繼續拖延下去，將會扼殺延期償付計畫所帶來的心理效應。早在六月二十一日星期天，國務卿史汀生便曾經向法國大使克洛岱爾解釋道：「時間是最重要的關鍵，這場危機關乎的是信心及信譽，因此心理因素會大大影響事態的發展」。史汀生提醒克洛岱爾，胡佛提案的中心思想是「一個明智的債權人會給債務人時間，而延期償付的目的便是要給中歐債務國一年的時間，好讓它們能夠喘口氣，重新站起來」。光憑勸告與告誡，明顯達不到預期的效果[9]。

那麼，美國總統有沒有可能藉著不同的手段來達成這個目標呢？胡佛的倡議並不圓滑，這一點無庸置疑。法國政府會覺得自己受騙上當，也是無可厚非。此外，延期償付一年是否真的可以終結全球經濟蕭條，也很啟人疑竇。但是從另一個角度來看，德國危機已經演變到了末期階段，須要迅速採取行動。跟巴黎進行討論得花不少時間，消息一旦走漏，又會在金融市場掀起一陣驚濤駭浪。更重要的是，法國對德國的積怨很深，不論具體的提案內容為何，法國都不會同意為德國做出妥協。法軍撤離萊茵地區之後所發生的事情，對法國人造成了極大的精神創傷。大多數法國公民都覺得，他們的寬宏大量遭到德國領導人無情地剝削，以至於他們沒有辦法理解，為什麼巴黎應該去幫助一個把別人的讓步當成是示弱的國家[10]。

即使是總理拉瓦爾和外交部長白里安這兩位法國政壇的重量級人物，在面對社會大眾的負面觀感時，也顯得無能為力。當他們提議，先採取與比利時政府相同的立場，也就是原則上接受胡佛的延期償付計畫，後續再針對細節的部分進行協商，內閣成員之中只有三個人表示支持——財政部長弗朗丹、殖民部長（Colonial Minister）雷諾，以及經濟部國務次卿弗朗索瓦－龐塞（François-Poncet）。在國會辯論期間，兩邊的勢力差距也很明顯。即便財政部長弗朗丹所指出替代胡佛計畫的方案將會是由德國單方面宣布延期償付，也未能說服國會議員[11]。

在抱持這般強烈反對立場的前提下，若是要再提出帳面數字對法國政府不利的論點，充其量也只是次要的主張。在歐洲列強中，法國確實必須承受最大的淨損失（表9.1）。但是就算結果有比較划得來，也無法消除法國的疑慮。因為對法國來說，真正的問題並不是出在財務，而是他們在面對一個越來越不受管束、不論是在人口或經濟能力方面都比自己來得強的鄰國時，應該如何維護自身安全的問題。或遲或早，德國都會握有軍事上的優勢。

表9.1　胡佛的計畫對德國及其最重要的債權國所帶來的財務影響

	中止進款（以一千英鎊為單位）	中止還款（以一千英鎊為單位）	淨損失（－）或淨收益（＋）（以一千英鎊為單位）
美國	53,600	零	-53,600
英國[a]	42,500	32,800	-9,700
法國	39,700	23,600	-16,100
義大利	9,200	7,400	-1,800
比利時	5,100	2,700	-2,400
德國	零	77,000	+77,000

[a]英國的借方餘額（debit balance）金額特別高，主要是涵蓋了不在貝爾福外交照會（Balfour Note）規定範圍之內的自治領地戰爭債務、重建債務，以及其他款項。

（資料來源：《經濟學人》，一九三二年十一月十二日，戰時債務附錄，第10頁。）

就目前來看，賠款方案是法國唯一可以用來牽制德國、免於受其支配的手段。

話說回來，雖然法國政客不願意配合胡佛的計畫是其來有自，但他們也不是完全不用負責任。這幾個月以來，法國駐柏林大使館都有向法國外交部稟報德國危機的進展。舉例來說，五月七日時，法國財政專員便曾警告巴黎，賠款議題將於六月中至八月初正式引發質疑。然而，法國政府卻從未認真研擬對策，或是主動聯合英美政府一同採取行動。法國總是堅持要維持現狀，儘管在其國內有許多政客已經意識到自己的國家變得越來越孤立，也曉得全球經濟蕭條已經從根本上改變了各項參數。法國唯一想到的辦法，就只有一再表明自己願意向德國提供長期借貸，以交換德國在政治立場上的妥協這一招。但是，法國也一直都很清楚，布呂寧不願意抑或是沒辦法滿足法國的要求。要是他同意法國開出的條件，立刻就會面臨被革職的命運[12]。

法國會呈現如此惰性的一個原因是，他們不了解德國經濟蕭條的程度與接踵而至的政治激進化現象。許多法國政客、新聞記者及其他公眾人物不斷宣稱，德國政府是在小題大作。縱使是在經歷了讓納粹黨有機可乘、伺機崛起的災難性大選之後，法國的強硬分子還是持續居於有利地位。這樣的迫切感仍不足以促成法國的改變[13]。

在此同時，胡佛已經快要失去耐性。他指示財政部長梅隆與駐巴黎大使埃奇在國務卿史汀生前往歐洲提供外交援助的期間，向法國總理拉瓦爾及財政部長弗朗丹施壓。為了替拉瓦爾內閣製造改變政策的正當理由，美國與英國要求德國做出讓步。「舉例來說，假使世人普遍認為，德國人什麼都沒付出，卻獨攬了所有好處，那就不好了」，國務院向駐柏林大使薩克特提點道。有關於此，柏林的初步反應令美方洩氣。不過，薩克特仍然持續努力與總理溝通[14]。

巴黎的協商過程自六月二十七日星期六開始，持續了超過一個星期。整個程序極為複雜，而且叫人厭煩。白里安時常在協商過程中打瞌睡，拉瓦爾和弗朗丹則是必須不停諮詢內閣成員的意見，並且預測國會的投票結果。另一方面，梅隆和埃奇必須透過電話與華盛頓討論所有細節。不幸的是，由於美國駐巴黎大使館正在進行整修，七十六歲的梅隆不是必須使用地下室的電話，就是得使用美國大使夫人埃奇女士臥房裡的電話。布呂寧遲遲不肯讓步，更進一步使得這段討論的過程變得更加複雜[15]。

最後，經過三件事情之後，各路人馬才總算達成了協議。第一件事情是，拉瓦爾一直等到七月四日國會進入休會期後，才掌握到了自由決定權。這可真是一件不容易的事。有些議員原本想要延期休會。而且在激烈的辯論過程中，右翼議員和拉瓦爾還曾經拳腳相向。最終，是這位總理大人贏得了肉搏與政治場上的爭戰[16]。

第二件事情是，德國政府在美國的施壓下向法國釋出了善意。七月二日，布呂寧在與薩克特進行了一連串對話，並於深夜結束內閣會議之後，提供了一分書面聲明，表示「我國不曾盤算也不會在假期年度期間增加撥款給陸海軍的比例」。數日之後，布呂寧也同意公開發表這分聲明。這分宣言遂發表於七月五日[17]。

第三件事情是，胡佛改變了策略。到了七月五日星期天，胡佛已經氣惱到不想再理會法國的立場，因而提前結束了他在維吉尼亞州避暑木屋停留的時間。他一抵達白宮，馬上告知幕僚：「我們才不在乎法國人對我們提出的方案有什麼看法。我們要的就只有同意或不同意而已。」財政部國務次卿米爾斯強烈反對這項新策略，參議員里德（Reed）和代理國務卿卡索則是表示支持。米爾斯甚至控訴胡佛這樣做會「毀掉全世界」。但是胡佛總統還是執意要這麼做[18]。

整體來說，透過對德法兩國政府施壓，胡佛得到了他所想要的結果[19]。事隔一天，也就是在七月六日星期一，法國政府點頭同意。胡佛唯一讓步的地方是，德國必須按照規定向國際清算銀行支付無條件年金，除此之外，他並未採納法國提議將這筆年金的一部分分配給與法國結盟的中歐國家的提案。這筆年金將全數提供給德國鐵路使用。胡佛也推翻了法國要求德國必須盡早於延期償付期限結束後那一年還清這筆金額的設想。胡佛所制定的還款時限寬鬆許多，允許德國將這筆款項分成十期償還[20]。

當各國之間達成協議的消息傳到柏林，總理官署的氣氛並未顯得有多欣喜。國務大臣普恩德在他的日記中寫道：「胡佛計畫終於通過了。真是令人難以置信。過去這幾個星期所經歷的協商過程太可怕了。我的人生幾乎沒有過過這麼恐怖的日子[21]。」

柏林的反應之所以會如此嚴肅，是因為自從法國政府出手妨礙胡佛的計畫快速通過以來，德國的情況又出現了劇烈的惡化[22]。六月二十六日星期五，資本流失的現象再度發生（圖示9.1）。七月四日星期六，就在胡佛的延期償付計畫最終獲得同意的兩天之前，德意志帝國銀行總裁路德曾警告布呂寧總理，依照目前儲備

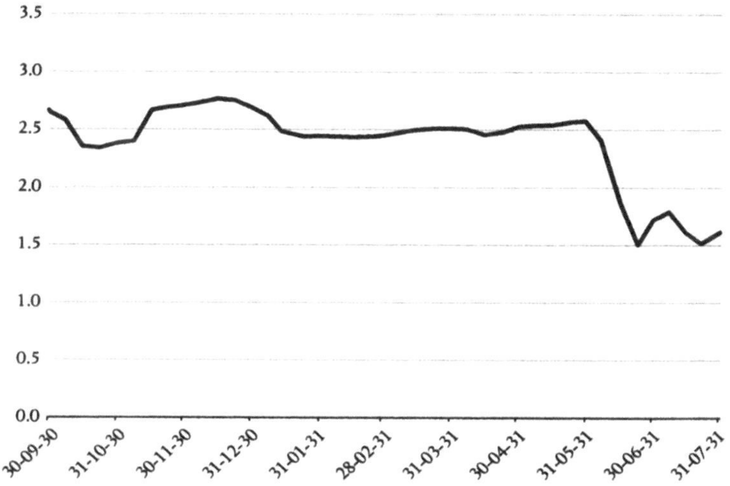

圖示9.1　德意志帝國銀行的外匯存底總額（以十億國家馬克為單位）。

金流失的速率來看，他們會付不出即將於七月十五日到期、由賠款方案規定每個月所須支付的金額[23]。

截至此時，德意志帝國銀行於六月底時曾向英格蘭銀行、法蘭西銀行、紐約聯邦準備銀行及國際清算銀行取得的一億美元央行信貸已經所剩無幾。不管怎麼說，這筆央行信貸打從一開始就是個錯誤。這三間央行與國際清算銀行並未出借一筆鉅額款項來穩定市場，而是只提供了一億美元，並且要求德國在七月十六日之前還清。路德甚至無法徹底封鎖新聞媒體的消息來源，導致這筆金額低得叫人失望的信貸交易曝光。證實這筆資金少得可憐，對德國來說是種羞辱，不僅無法舒緩投資人的緊張情緒，反而還引起了反效果。到了七月五日，要是路德沒有採取逼不得已的手段，將附屬於德意志帝國銀行的黃金貼現銀行（Gold Discount Bank）在不久前所收到的一筆價值五千萬美金的美國貸款，匯入德意志帝國銀行做為外匯存底，德意志帝國銀行當天的覆蓋率便將低於百分之四十的下限值[24]。

除此之外，布呂寧內閣也於七月一日時發現，諾德沃勒損失的金額一共是兩億國家馬克，而非其官方於六月中旬時報告的五千四百萬國家馬克。這項消息令政府官員愕然失色。在七月四日的內閣會議中，經濟部長恩斯特．特倫德倫堡（Ernst Trendelenburg）說明了諾德沃勒破產所可能導致的結果：「我們將會迎來一場，即使是對國際來說，也已經許久不曾遭遇到的經濟大災難。」政府如果想要阻止諾德沃勒最重要的債權人——達納特銀行破產，就勢必得插手干預。但是以目前來看，大家對於應該要如何補償損失都還沒有頭緒。更糟的是，一天後，瑞士報紙《國家日報》（*National-Zeitung*）派駐在柏林的通訊記者便報導，德國有一間大型銀行正面臨營運困難，隔天，該報隨即透露那家銀行就是達納特銀行。所以現在，所有人都曉得達納特銀行的麻煩大了[25]。

還有其他家銀行也瀕臨破產邊緣。七月四日，一名來自不萊梅市的參議員告知政府，施羅德銀行（Schröder Bank）面臨了經營問題。總部設立於不萊梅的施羅德銀行跟達納特銀行一樣，與同樣將總公司設在不萊梅的諾德沃勒關係密切。由於問題不斷累積，導致萊茵省州立銀行（Rheinische Landesbank）難以負荷。六月底，萊茵省州立銀行曾經請求德意志帝國銀行延長借款期限，但這只是把問題暫時延後處理而已。到了七月一日，萊茵省州立銀行即被迫停止償付借款。七月六日，布呂寧在內閣會議中透露萊茵省州立銀行倒閉的消息，並懇請各部部長保守祕密：「從金額來看，這甚至是比『諾德沃勒』的案例還要更嚴重的事件。無論如何，都絕對不可以向內閣以外的人透露我們的憂慮[26]。」

那麼，現在還剩下哪條路可走呢？德意志帝國銀行總裁路德提出了兩個構想。第一個構想是，由資產總額超過五百萬國家馬克的德國銀行及企業組成一個擔保聯合組織（guarantee syndicate）。這個聯合組織將在德意志帝國銀行的子公司德國黃金貼現銀行的指導下，提供五億國家馬克的擔保金。這個聯合組織雖然及時成立了，卻未能阻止資本外逃的現象發生[27]。

路德的第二個構想是要向外國央行爭取更多的信貸資金。為達此目的，路德願意飛到倫敦去與英格蘭銀行進行協商。英格蘭銀行行長蒙塔古．諾曼試圖勸退他，委婉地表示他幫不上忙。但是路德不肯接受對方的婉拒，七月九日星期四上午便從柏林起飛。為了避免傳出進一步破壞德國貨幣穩定性的流言蜚語，他試著隱密地安排行程。他的計畫在從柏林飛往阿姆斯特丹的那段航程奏效了，可是從阿姆斯特丹飛往倫敦的過程中，儘管是使用偽造的文件出入境，路德的身分還是意外曝光了。倫敦報社逮到了他的蹤跡，中午時分便在克羅伊登（Croydon）機場守株待兔。於是現在，普天下皆知，德國急切需要另一筆外資過渡性信貸[28]。

同一天中午在柏林，達納特銀行行長雅各布．戈德施密特前去拜訪總理，同時遞交了一封書信，以說明達納特銀行所處的絕境。從那時開始，布呂寧便與各部部長、國務大臣、德意志帝國銀行職員，以及銀行界人士輪番開會，直到午夜。在收集完所有情報、考量過各項因素之後，總理大人聚集了他最親近的一群幕僚，一同討論應對方針。所有人一致達成的共識是，直到星期一晚上之前，都還不須要擔心，因為德意志帝國銀行有權力也有辦法可以向銀行體系提供流動資金。但是，布呂寧及其心腹對於週一以後可能發生的情況尚無對策。那時，他們還天真地以為，有了英格蘭銀行及其他歐洲央行所提供的新信貸，事情一定會有所好轉[29]。

到了隔天，也就是七月十日星期五，布呂寧收到路德傳來的訊息，表示英格蘭銀行拒絕提供央行信貸。路德在維多利亞車站與蒙塔古・諾曼碰頭之後，便與星期一預定將於瑞士參加國際清算銀行會議的諾曼同行了一段路程。諾曼給出的否定回應在柏林引起了一片嘩然。外交部國務大臣伯恩哈德・馮・比洛在與謝弗通電話時，大聲責罵路德無能，謝弗則是同意眼下的情況變得「非常嚴重」，並且表示央行信貸如果沒能弄到手，就會導致「棘手的情況」發生。事實證明，先前他們以為情況能夠受到控制的臆測，完全是錯誤的猜想[30]。

路德在加萊（Calais）與諾曼分道揚鑣之後，隨即前往巴黎，欲說服法國官員挺身而出，向德國提供央行信貸。一如倫敦的情況，法國媒體已經事先摸透路德的行程，並在路德與央行行長莫黑（Moret）會面的七月十日星期五上午，先圍著法蘭西銀行布好了陣。這位央行行長在面對媒體所擺出的大陣仗時，感到相當不悅。而且不出所料，莫黑也反對提供央行信貸，並向路德回以法國一貫的標準答案——德國當局必須透過行動來安撫焦慮且受辱的法國民眾，以及安定國際金融市場。路德回應道，假使央行信貸的金額夠大，並且是為長期性信貸，便恰好能夠發揮理想的心理影響力。可是莫黑不肯改變主意[31]。

在那之後，路德受邀前往克里雍大飯店（Hôtel Crillon）與法國高官共進午餐。到了那裡，對話依舊不停在原地打轉。一開始，法國這邊就先暗示，德國人到了現在還是不知節制，過著入不敷出的生活。接著，路德反駁了這個說法，並舉出布呂寧政府所實行的財政緊縮措施為證。到最後，法國人還是要求德國那邊應該採取政治行動，以促進雙邊合作。與路德於午後會面的財政部長弗朗丹，也反對無條件為德國提供協助。當被問及德國還能再撐多久，路德回答，已經撐不了幾週，只能夠再撐個幾天了。弗朗丹雖然表示同情，卻仍然不肯做出承諾。離開巴黎之前，路德與法國央行行長莫黑再度進行了談話，結果還是沒有談出明確的結論。而後，他便致電柏林的總理官署，回報巴黎之行一無所獲[32]。

七月十日星期五晚上，謝弗、馮．比洛和德萊塞（Dreyse）

在美國駐柏林大使館，協助薩克特大使起草要發給胡佛的電報。這封電報的主旨是要說服白宮支持由紐約聯邦準備銀行來向德意志帝國銀行提供信貸。謝弗告訴薩克特，倘若到了星期天早上，華盛頓都還沒有做出正面回應，則至少會有一家大型德國銀行和好幾家儲蓄銀行在星期一上午關門大吉，而且這些舉動很有可能會誘發群眾暴動。以主張採取強硬外交政策立場聞名的鷹派人士馮·比洛甚至示意，倘若白宮或紐約聯邦準備銀行願意給予協助，德國已經準備好要在關稅同盟和袖珍戰艦B等方面讓步[33]。

隔天，也就是七月十一日星期六，布呂寧在近午時分召集了經濟專家團隊。可想而知，整體局勢又進一步加劇。經濟部長特倫德倫堡說明，達納特銀行有可能在今天之內倒閉，端視股價下跌的程度而定。向美國取得央行信貸一事，在此刻變得更為關鍵。德國內閣於是決定直接聯繫紐約聯邦準備銀行總裁喬治·哈里森（George Harrison），以及曾任德國賠償方案總代表、現為J. P.摩根公司合夥人的帕克·吉爾伯特。除此之外，內閣也授權外交部向德國駐倫敦、巴黎、羅馬及華盛頓等地大使下達指示，要求這些大使引起國際對德國嚴峻情勢的關注。目的自是為了盡可能向國際施壓，以取得財務援助[34]。

當天下午，達納特銀行告知政府，它將無法於星期一開門營業。政府也接獲消息，證實萊茵省州立銀行已無可用的流動資金。內閣必須召開另一場緊急會議。傍晚六點鐘，布呂寧與經濟專家團隊再次會面，這一次，剛剛才在滕珀爾霍夫機場觸地降落的德意志帝國銀行總裁路德也加入了會議。一位德意志帝國銀行的資深官員報告，他與紐約聯邦準備銀行的喬治·哈里森透過電話進行的交涉，純粹是白費口舌。對方表示，德國政府所面臨的金融及貨幣問題，必須靠自己解決[35]。

經濟專家團隊隨即將焦點轉移到了達納特銀行倒閉這個最迫切的問題上。總理大人及其幕僚必須解決的關鍵問題是，應該如何確保達納特銀行的資金可以受到保護，不會被挪作他用。布呂寧了解汙名化會帶來的問題，一旦政府公然挑明，達納特銀行為這整個環節之中最薄弱之處，即使後續展開救援行動，大概也只會加速它走向破產，而當情況如此演變，達納特銀行的破產便有可能會全面引爆德國的銀行危機。經濟部長特倫德倫堡概略敘述了三種解決方案：第一，德意志帝國保證會向達納特銀行提供信貸；第二，德意志帝國保證會償還達納特銀行的所有債務，而可能須連帶提出延期償付的條件；第三，德意志帝國支持其他大型銀行拿出一億五千萬國家馬克供達納特銀行使用。

在座人士旋即展開了一場激烈的討論，每一種解決方案都各有其擁護者。一如往常，性情飄忽不定的總理大人一時拿不定主意，但他倒是認為，這場救援行動勢必要取得金融界及企業界領袖的支持才行。一時之間，平時在週六晚上顯得冷冷清清的威廉大街頓時忙碌了起來，一輛又一輛載著一流銀行家與企業家的汽車，在總理官署前停了下來。大會於晚間九點三十分開始。由於室內空間過於擁擠，令這些銀行界人士感到不太自在。他們以為自己是被請來與幾名內閣成員討論當前的情況。沒想到，等來到了現場才發現，自己只是被邀請到場的五十幾人當中的幾個。而且事實上，討論的過程相當混亂，這些銀行家和專家對於每件事情的見解都各不相同。布呂寧原本是想要集思廣益，以匯聚共識，結果卻事與願違。大會在凌晨一點十五分結束，總理大人僅以簡單的兩句話為這場會議作結：「銀行界的情況比我們原先所想得更糟。我們幾乎沒有獲得任何有用的建議[36]。」

七月十二日星期天上午十一點五十分，布呂寧又再度召集經濟專家團隊。坐在會議桌前，每個人心裡都很清楚，在星期一上午之前，一定要找出解決辦法，否則達納特銀行的倒閉將會引發一連串銀行危機。國務大臣馮・比洛報告，華盛頓的主流看法是，德國必須自己救自己。面對德國派送到白宮的電報，美國總統完全不為所動。德意志帝國銀行總裁路德則宣布，為了保留黃金及外匯存底，德意志帝國銀行已經開始「以最嚴格的方式」限制信貸金額。這意味著，德國銀行體系將會因為流動資金短缺而陷入財務困境。經濟部長特倫德倫堡提出抗議，並提倡以替代性支付方式來維持經濟狀況。布呂寧雖然對此想法表示贊同，但他認為現在還不是認真考慮這個方案的時候[37]。

就在內閣成員多方尋思，欲營救達納特銀行的同時，德國銀行的常務董事奧斯卡・瓦瑟曼（Oscar Wassermann）無預警地來到了總理官署，告訴布呂寧德勒斯登銀行也即將倒閉的消息。顯然，專為達納特銀行量身打造的解決方案，如今已經不夠用了。內閣必須考慮採納適用範圍更為廣泛的方法。布呂寧要求各部部長草擬一分緊急政令，授權政府保障所有問題銀行的存款。會議在午後一點五十分結束[38]。

下午四點三十分，布呂寧再次召集內閣成員。首先，他們同意在星期一和星期二關閉所有證券交易所。其次，在經過各方面的討論之後，他們通過了緊急政令的最終版本，並將之發送至諾伊德克，與登堡總統在夏季的這幾個月都待在那裡。這篇政令的內容含有四個段落，旨在賦予政府廣泛的權力，讓政府在危機出現時可以全權干預銀行體系。最後，內閣成員也討論了這項政令的監管法令，並在討論到「存款保證金的金額應該設定為多少」時，出現了意見分歧。在做出決策之前，一向優柔寡斷的總理大人想要再次聽聽銀行界人士的說法。很明顯地，即使前一晚未能達成共識，他仍然不放棄採用同一套方法[39]。

銀行家們聚集在離內閣會議室不遠的聯邦州會議廳（Ländersaal）。這次有將近一百人到場，由於實際前來的人數比預期人數多出許多，使得這場大會甚至比起前一場會議還要顯得更加混亂。布呂寧發表了緊急政令的草案，銀行家們隨即表達了強烈抗議。他們堅決反對允許政府有權控制所有面臨營運困難的銀行的緊急政令。他們聲稱，有問題的就只有達納特銀行而已。布呂寧反擊道：「不是只有達納特銀行有問題，德勒斯登銀行也有問題。」德勒斯登銀行的出席代表氣憤地反駁這個說法，但是布呂寧接著透露，他是從瓦瑟曼那裡得知德勒斯登銀行的情況緊迫，而且瓦瑟曼說是德勒斯登銀行委託他前來告知總理的。德勒斯登銀行的經理聞言之後再三否認，爭論說這全都是瓦瑟曼捏造的謊言。現場極度混亂。布呂寧大動肝火，舉起拳頭重重砸在桌上，批評這些銀行家們行為幼稚、腦袋不靈光。而後，他重新回到內閣會議，告訴各部部長，事情又再次出現了變化[40]。

內閣成員選擇相信德勒斯登銀行經理所言屬實，於是心無旁騖地把焦點放在達納特銀行上，並同意將其國內外儲戶的存款保證金定為無上限。傍晚六點三十分，有多家大型銀行的常務董事獲邀參與內閣會議。布呂寧及經濟部長特倫德倫堡向其宣布有關達納特銀行的新救援計畫。反對聲音再次出現。德國銀行的瓦瑟曼抱怨，緊急政令草案依舊是以所有德國銀行為目標。他認為，那必須只針對達納特銀行才行。他也猛烈抨擊德意志帝國銀行限制信貸金額的決定：「這些限制將會摧毀德國的信貸體系。」路德對此回應道，他別無選擇。為了避免覆蓋率下降至低於百分之四十的法定下限值，以維持金本位制，他必須停止向銀行體系供應其黃金及外匯存底。在辯論的炮火失去控制之前，總理大人要求這些銀行家先私下進行磋商與協議，之後再回來向他報告他們的結論，以及其各自所屬機構明確的財務狀況[41]。

待銀行家們離席之後，內閣繼續進行討論。晚間九點十五分，前德意志帝國銀行總裁哈爾馬．沙赫特加入了會議。沙赫特對銀行損失的幅度吃驚不已，也對總理官署上演「巴比倫式混亂」（Babylonian confusion）感到詫異，他並不贊成布呂寧所採取的做法。他的建議是，保護小型儲戶，並清算達納特銀行的資產，但是不付錢給債權人，也包括國外債權人。他聲稱，在現代的信貸體系中，很重要的一點是，不是只有債務人應該被問責，發生損失，債權人同樣也應該負起財務責任。特倫德倫堡和謝弗指責他的這番說法是不負責任的行為，並且主張放任達納特銀行倒閉將會引發大規模的銀行擠兌潮。最後是特倫德倫堡和謝弗兩人獲勝[42]。

在這場針鋒相對的意見交流結束之後，布呂寧告知內閣成員，德勒斯登銀行再次聲明其具有清償能力，而且銀行界人士悉數要求至少要訂一天作為銀行公休日，他們也仍在批評緊急政令所涉及的範圍太廣。由於時間限制，路德與謝弗認同訂定銀行公休日的概念，內閣成員也一致表示贊成。銀行公休日一事定案之後，布呂寧接著便想著手處理銀行家們對緊急政令所持有的異議。為了解決這個問題，內閣邀請了德國商業銀行的常務董事弗里德里希·萊因哈特（Friedrich Reinhart）同開會。稍後，也有其他銀行家加入討論。這些業界人士還是不肯接受緊急政令應該以整個德國銀行界作為目標的決議，現在又語出驚人地表示，要撤銷訂定全國銀行公休日的提議。他們的論據是，只要犧牲達納特銀行，便足以預防銀行爆發擠兌潮。內閣成員記下了他們所提出的異議，並請他們返回原來的房間。

晚間十一點十五分，內閣繼續進行審議。他們決定於星期一上午公布達納特銀行暫時歇業的消息，並在那之後不久頒布緊急政令，以製造政府介入的法律依據。為了安撫銀行界人士，緊急政令在第一段開頭的第一句話便提到「有鑑於達納特銀行」，以此來清楚表示德國並沒有出現整體性的銀行問題。內閣也接受了銀行家的建議，暫時擱置有關全國銀行公休日的提議。興登堡總統位在諾伊德克的辦公室則收到了正式通知，說明先前擬定的政令版本已遭摒棄，最終版本將於隔日上午送達[43]。

在內閣成員完成這些決議之後，布呂寧回到聯邦州會議廳去告知銀行界人士事情已經大致敲定。眾人一致接受，並就地解散。此時，有些內閣成員已經離開總理官署，以為事情已經就此談妥。然而，他們其實還有另一場內閣會議要開，因為他們還沒有決定達納特銀行應該如何知會民眾它要暫時停業的消息。還留在總理官署的達納特銀行行長戈德施密特力勸布呂寧允許他的銀行在各家分行的門口張貼海報，說明德意志帝國保證將歸還所有存款[44]。

由於有些部長已經回家，布呂寧還得打電話把他們叫回來。不過，並不是所有人都願意聽命返回總理官署，那些拖著身體回來的人也都面露不悅，財政部長迪特里希更是幾乎無法鎮定下來。凌晨十二點四十分，內閣會議開始，路德和沙赫特依舊維持顧問的身分，不享有投票權。最後，內閣同意採取以下說法：「達納特銀行宣布，其被迫於週一停止營業。德意志帝國政府已經授權達納特銀行發表以下聲明：依據今日即將頒布的總統緊急政令，政府保證會歸還該間銀行的所有存款，並償還其所有債務。有鑑於這些事態發展，證券交易所將於今明兩天暫停營業。」戈德施密特在總理官署的另一個房間裡等待最終結果出爐的，在得知內閣的決議之後，他大大鬆了一口氣[45]。

這分聲明於凌晨三點鐘發布。與此同時，路德為了爭取到央行信貸，決定在這最後關頭奮力一搏。在這夜深人靜的時刻，他坐上飛機飛往巴賽爾，要去參加國際清算銀行會議[46]。

第十章　希特勒崛起

單憑這些應變措施足以應付眼前的危機嗎？起初，這項計畫看似發揮了效果。國務大臣漢斯・謝弗在早上前往總理官署的途中，注意到銀行前面並沒有出現排隊人潮。他向行人搭話，發現一般民眾對這則新聞的反應十分平淡。在布呂寧與各部部長於上午九點三十分展開會議時，他們都還以為，自己昨夜做了正確的決定[1]。

然而，就在內閣成員針對正式救援行動確認最終細節的同時，銀行擠兌潮也正在醞釀成形（附圖15）。隨著時間過去，一家又一家銀行的櫃檯前面開始出現要求領回存款的排隊人龍。自上午十一點三十分起，柏林各家銀行開始限制客戶的取款金額，一次只會支付客戶指定金額的百分之二十，儲蓄銀行則是祭出規定，每位客戶最多只能提領一百國家馬克。柏林市長前來總理官署報告，柏林儲蓄銀行（Berliner Sparkasse）已經損失了七百萬國家馬克，並只剩下一百萬國家馬克現金在庫。在科隆及漢堡等

附圖15.　一九三一年七月十三日，柏林湧現銀行擠兌潮。

地，銀行已全面停止支付交易。幾家大型銀行的主管急得像熱鍋上的螞蟻，要求與總理會面。布呂寧感到非常憤怒。正是因為相信他們的判斷，昨晚才願意讓步。現在，他決定以有要事在身為由，請他們吃閉門羹，讓他們知道，他們應該去找財政部和經濟部高官商談。這些銀行家急著解釋，他們已經被迫關閉分行，「要不然，分行肯定承受不住這場意料之中的風暴」，他們於是呼籲政府安排兩天作為銀行公休日，與其在前一天的要求恰恰相反[2]。

晚間七點，布呂寧召集了他的經濟專家團隊。他們同意公告全國銀行公休日，並立即將緊急政令之類的文稿內容傳送到諾伊德克給興登堡總統。晚間十點，在取得興登堡的許可之後，布呂寧聚集了各部部長，以討論實施緊急政令的監管規定。在這場會議之中，有一位德意志帝國銀行的資深官員報告道，無論是英格蘭銀行、法蘭西銀行，還是聯準會，都不願意向德國提供額外的資金。路德倉促趕往巴賽爾的結果，依舊是一無所獲[3]。

晚間十點三十分，布呂寧要求內閣成員召開例行性會議，以決定監管規定。由於德國並未自國外取得支持其銀行體系的一線希望，內閣決定將全國銀行公休日訂在星期二和星期三。布呂寧在會議的尾聲惆悵地論及此前的經濟展望與未來的國際關係：「我國的厄運已經波及所有歐洲市場。華沙、里加及布達佩斯的證券交易所今日全都關門停業，英格蘭也度過了悲慘的一天。法國人必須放下他們的堅持，在不設限的前提下給予協助。要是他們不願意，歐洲將會出現某種與資本主義有著截然不同樣貌的東西，而最深受其害的將莫過於是法國人自己。」財政部國務大臣漢斯．謝弗在他的日記中寫道：「到了凌晨兩點半，我依然渾身戰慄[4]」。

布呂寧的悲觀論點有其道理。七月十四日星期二，內閣聽說德勒斯登銀行即將倒閉。七月十五日星期三，內閣實施交易管制以防止資本外逃，因而實際脫離了金本位制。驚慌失措的投資人開始變賣資產，引發了全球資產流動性危機。巴黎的股價暴跌。相較於法國法郎，倫敦英鎊的價格降低了百分之一，因為英格蘭銀行的存底不斷流失。《經濟學人》描述，「外匯市場陷入了一種完全混亂的狀態[5]」。

柏林的氣氛忽然變得很緊繃。英國大使朗博爾德敘述道：「我七月十六日回到柏林時，赫然發覺街上變得空無一物，不自然的寧靜籠罩著這座城市，我明顯感覺到有一股極度緊張的氣氛，許多方面與我在戰爭爆發前的危急時刻於柏林所觀察到的情景十分相似。不過，兩者間存在著一種本質上的差異。這次的緊張感似乎無法透過具體行動來宣洩，而明顯呈現出有如東方人一般了無生氣且混雜著宿命論的調性，直到今日仍是如此[6]。」

德國政府對銀行危機的控制，誠然表現得相當出色。到了一九三一年八月初，國內市場已恢復正常交易，在接下來的幾個星期和幾個月內，官方當局也成功穩定了金融系統。可是，救援行動須要耗費鉅額的公共資金，一般老百姓又飽受經濟不景氣所苦，導致政府無法取得任何政治信貸。更重要的是，全球危機的勢頭依然未減，儘管歐洲政府已經瘋狂匆促地展開外交行動。七月十八日和十九日，布呂寧總理與外交部長庫爾提斯前往巴黎商討擺脫債務危機的方法。七月二十日至二十三日，比利時、法國、德國、英國、義大利、日本與美國等國首相、總理、外交部長及財政部長更是全員到齊，在倫敦聚首。但是，這一場所謂「針對德國貸款議題召開之七強會議」（Seven Powers Conference on German Loans）並沒有得出明確的結論。他們唯一同意採取的措施，是委任一組專家委員會，在國際清算銀行的指導之下，研究德國的債務結構。此外，他們也強烈建議銀行及銀行界人士暫時不要自德國撤資。英國皇家國際事務研究所譏諷道：「倫敦會議簡直是一場時尚醫生的聚會，這群人最在意的是如何維護自己的專業聲譽，這一點比什麼都重要，他們圍繞在一名重要病患的病床旁邊，卻完全沒有能力可以治癒這種疾病[7]。」

這樣的模式持續數月仍未改變。政客、外交官及政府高官雖然努力想要解除危機，卻遲遲不肯快刀斬亂麻。德法兩國的利益衝突就是談不攏。一九三一年七月底，美國國務卿史汀生偕同英國首相麥當勞及外交大臣韓德森前往柏林，卻空手而歸。

一九三一年八月底，由七強會議所委任的專家委員會公布了德國債務報告。九月中旬，德國及其私人債權人之間所謂的暫停償債協議正式生效，有效期為六個月。一九三一年九月底，法國總理皮耶．拉瓦爾及外交部長阿里斯蒂德．白里安正式出訪柏林，十月下旬，拉瓦爾又去了華盛頓一趟。直到聖誕節前不久，由德國依據《楊格計畫》法令所召開的特別諮詢委員會公布了一分以其主席——義大利政客、學者及金融家阿爾貝托．貝尼杜切（Alberto Beneduce）為名的報告書。然而，這分貝尼杜切報告書卻違背了它的使命，未能提出任何建議。外交上的種種努力又被打回了原點[8]。

危機繼續自然發展。繼德國之後，英國成了歐洲各國中最弱勢的一方。截至七月底，英格蘭銀行所持有的黃金及外匯存底已經減少將近百分之二十，整個八月，英格蘭銀行逐漸耗盡了維持金本位制所需要的本錢。為了阻止貨幣拋售，英國首相拉姆齊．麥當勞提出了平衡預算的措施，可是工黨拒絕聽從他的帶領。八月二十四日，被踢出工黨的麥當勞動員保守派人士及自由黨員，組成國民政府（National Government）。但是，內閣重新洗牌還不夠，九月十九日星期六，英國政府宣布它將中止黃金兌換交易。數天之內，英鎊對美元的價格下跌了超過百分之二十。許多國家陸續出現這樣的情況，包含加拿大、印度、日本，以及斯堪地那維亞各國。英鎊價跌促使美元出現拋售潮。聯準會隨即根據金本位制的規定，將官方利率由百分之一點五調升至百分之三點五。然而，正當聯準會在通貨緊縮的環境下收緊貨幣政策之際，由此導致的實際利率衝擊又引發了另一場銀行危機，更加重了經濟衰退，使得美國失業率上衝至超過百分之二十[9]。

促使德國的貿易夥伴更具競爭力並導致全球經濟條件惡化的這一波貨幣貶值的震撼力，很快便撼動了德意志帝國。為了降低出口成本，布呂寧於一九三一年十月及十二月兩度憑靠總統緊急政令，進一步實施財政緊縮措施，因而加重了德國在短期內的蕭條程度。布呂寧之所以不肯採取替代性解決方案，亦即任由德國貨幣的價值走貶至國際新低點，是因為他害怕惡性通貨膨脹會捲土重來，並且導致以黃金價格為基準計算的外債金額無法抑止地飆漲。根據官方數字，德國冬季月分的失業人口數攀升到了六百萬人以上。換算成現代估計值，德國當年勞動人口的失業比例大約為百分之二十五。到了一九三二年，則將近有百分之四十的產業工人找不到工作。反過來說，德國經濟持續收縮也進一步壓垮了世界經濟。在一九三一年間，西歐國家的GDP減少了百分之五左右，美國的GDP則是下滑了百分之八[10]。

當時的人們以為，這就是資本主義的終點。回顧一九三一這一年，英國歷史學家阿諾．湯恩比（Arnold Toynbee）認為那是「可怕的一年」，他形容「世界各地的男男女女都在認真思考、坦誠討論西方社會制度瓦解與停擺的可能性」。特別是一九三一年五月到十二月這段期間，那是他認為自戰爭結束以來，「與當時代人們所經歷過任何時光皆不可同日而語的一段日子」。「對活過那段艱苦時日的人們來說，命運與愚行彷彿在那段歲月裡聯手朝著文明社會的堡壘集中火力發動攻擊。」[11]

然而，有一些人卻因為銀行、貨幣，以及西方價值觀的崩塌而喜不自勝。就德國而言，這場金融危機最大的受惠者是納粹領導人希特勒。他成功獨占了批判性言論的舞台，沒完沒了地到處批評《凡爾賽條約》與《楊格計畫》所建立的戰後秩序。他不斷串聯起德國債務與經濟危機之間的關係。希特勒是自一九二九年秋天開始迅速成名，當時他接受德國國家人民黨主席阿爾弗雷德．胡根貝格的邀請，加入「德國人民訴求反對《楊格計畫》及戰爭罪責謊言之德意志帝國委員會」。如今，由於《楊格計畫》

即將因為德國金融危機而覆滅，這使他更有立場可以聲稱自己的看法始終是對的。

當然，希特勒並沒有興趣了解賠款方案、外國短期債務、財務政策，以及經濟蕭條等因素之間的多元關聯性。他相信，他所背負的使命遠遠超越了這場危機的重要性。不過他察覺到，指責國外強權造就國內苦難是極為有效的做法，他也樂於招攬來自各路政治派系以及各種社會階層的廣泛支持。再說，《楊格計畫》實際上限制了德國採取有效措施來遏止失業率飆升的能力，此乃公開的祕密。雖然遺憾，但是希特勒的批判與指責確實涵蓋了不爭的事實。而隨著危機繼續加深，就連社會民主黨員也逐漸加入了批評《楊格計畫》的行列[12]。

顯然，找對訊息的方向與傳達強而有力的訊息，並不是唯一促成希特勒崛起的原因。與他同屬激進反對派立場亦抱持相似世界觀的競爭者相比，希特勒還具備了幾項優點。其中最重要的一點是，他是個能言善道的雄辯之士，能夠擄獲聽眾的心，相形之下，作風守舊的胡根貝格與其他極端右派領導人所發表的老派演說，便顯得了無新意、死氣沉沉（附圖16）。希特勒懂得利用人們心中根深蒂固的成見，尤其是反猶太仇恨思想，並且曉得應該如何運用這些偏見來達成他的政治目的。他似乎也擁有異於常人的戰略性政治敏感度，能夠超前預測事態的發展，並耐心等待機會到來，以一舉扳倒對手。許多專業政客誤以為，他不過是個外行人，但他反而是一名富有才幹、有本事成功騙倒仇敵且在必要時冷血出賣友人的戰略家。最後，希特勒走火入魔、冷酷無情、

附圖16.　一九三二年四月四日，競選總統的阿道夫・希特勒（左）與約瑟夫・戈培爾（右）出席在柏林盧斯特花園所舉辦的群眾大會。

不顧後果的程度，更是打破了所有常規的藩籬，就連在國家主義者的圈子裡也是如此。他不斷煽動納粹黨員及衝鋒隊員以殘暴的蠻力去威嚇他的政敵。為了達成目的，總是不擇手段。希特勒的個性在他個人及納粹黨的成功之路上，起了非常大的作用[13]。

然而，正是一九三一年夏季，危機的加速進展，促使納粹黨的聲勢登上了新高峰。希特勒立刻逮住這個機會，將國家的金融混亂歸咎於《楊格計畫》。一九三一年七月十四日，就在達納特銀行宣布倒閉的一天後，他接受美國合眾國際社（United Press International）新聞通訊社的採訪，藉此提醒了世人，他的看法自始至終都是對的。他解釋道：「目前的事態發展證實了我早前的擔憂及預測均正確無誤，《楊格計畫》正隨著經濟浩劫的腳步走入歷史。它所導致的後果將會影響這整個世界，而企圖將這個世界分裂成兩半的《凡爾賽條約》，也將被證實是人類的禍根。」一如既往，希特勒將他的政黨描述成了唯一能夠抵禦布爾什維主義的屏障：「未來只有兩種可能性，不是我們戰勝布爾什維主義，就是布爾什維主義把歐洲、以及遠在歐洲以外的國家一併推入混亂的深淵[14]。」

一九三一年八月初，希特勒利用納粹報刊再次針對《楊格計畫》提出批評：

> 我的人生從未像現在一樣感到如此高興、滿足。因為如今，數百萬名德國人總算睜開了眼睛，認清了殘酷的現實，看懂了擁護馬克思主義的騙徒們施加在他們身上那可憎的詭計、可恥的謊言及可恨的騙局。如今，廣大群眾已經記取了教訓，或許這也是他們初次了解到，誰才是對的。是社會民主黨、中央黨以及其他政黨之中支持《楊格計畫》的騙子們，還是發起「人民訴求反對《楊格計畫》」運動的人們。因此，近日自然令我感到快樂與滿足，反觀倡導《楊格計畫》的政黨及報社騙徒，則是飽受憂慮及混亂纏身之苦[15]。

到了十月，希特勒再度增強了他的攻擊力道。布呂寧因為外交部長庫爾提斯及另外兩名內閣成員的辭職，聲勢大不如前。海牙常設國際法院（Permanent Court of International Justice at The Hague）以八票對七票的結果，裁定由庫爾提斯所發起的德奧關稅同盟制度與一九二二年的《日內瓦議定書》有所牴觸，藉此奧地利以宣布放棄與德國締結政治聯盟為由，取得了一大筆貸款[16]。此外，帝國議會於一九三一年十月十三日重新召開，並對總理大人發起了不信任投票案。布呂寧在會議一開頭便說明了新內閣的計畫，但是三天後，納粹報刊刊載了一篇題為〈阿道夫．希特勒致德意志帝國總理公開信〉的長文，而在這封信中，希特勒又再一次將經濟苦難歸罪於《楊格計畫》。

> 布呂寧總理，您曾經一度認為賠款問題很可能有必要重新經過檢視，而您也認為，在德國政府調整好財務結構，以至於可以在談判桌前擺出「準備就緒」的樣子之前，不可能展開具有實際效益的協商。總理先生！我個人以及我所有夥伴們認為這個想法是錯的。我很篤定，不徹底擺脫賠款問題，便不可能實現經濟重建。縱使有所謂的「經濟學專家」聲稱，每年從某個民族身上挖個二十億或二十五億來做為貢金是辦得到的事，或甚至是件好事，這也完全無法抹煞這種想法本身所固有的荒誕及愚蠢。
>
> 事情的真相是，由總理先生，您本人，負責掌管知

識傳承的政黨陣營所做出的所有承諾、證實及保證，全都被徹底推翻了。

《楊格計畫》保證要恢復德意志帝國、聯邦州及公社的財政狀況，但到頭來，那些承諾在哪裡？

經濟復甦抑或是振興經濟的作為在哪裡？

以此所應降低的失業率數字被忘在哪裡？

「農業救援」的成功又在哪裡？

還有，布呂寧總理先生，您當初答應要減稅的諾言，究竟何時才會兌現？

總理先生，您在演講時說到，以上這些承諾未能履行。事態發展至今，這一點已不容置疑是一樁「可以預見部分情節，也有一部分無法預知的悲劇」。

布呂寧總理先生！我也許可以這麼說明，為了確保歷史紀錄的正確性，這句話應該要這麼說才對：我們發現自己身陷在一樁悲劇之中，而這齣悲劇的情節，有一部分已被預見，另一部分則無可預知。或許我也可以這麼說，同樣是為了確保歷史紀錄的正確性，那就是我本人連同其他多位政黨領袖，以及其他無數名以冷靜、務實的態度在明智看待政治及經濟局勢的志士，不僅僅是預見了這場悲劇，更是精準預測出了它的發展[17]！

當然，金融危機並沒有如同某些像是戈培爾這樣過度樂觀的納粹大人物在達納特銀行於七月十三日關門大吉時所想的一樣，助希特勒快速登上權力的寶座。布呂寧挺過了一九三一年十月中旬的不信任投票，在位直到一九三二年五月下旬，而後還有法蘭茲・馮・巴本和庫爾特・馮・施萊謝爾兩人先後接任總理。因此，從一九三一年七月到一九三三年一月興登堡總統任命希特勒為總理之前的這段路程，並不是一蹴可幾。但是，金融外交未能成功遏止危機，世界經濟持續收縮，納粹黨越來越受到德國選民的支持，不斷擴大其勢力範圍，尤其是在資產階級的生活圈內[18]。

在希特勒對總理大人發動正面攻擊的短短一個月後，納粹黨便開始收成戰果。一九三一年十一月十五日，納粹黨在黑森人民州（People’s State of Hesse）大選中的得票率為百分之三十七，而身為第二大政黨的社會民主黨得票率僅百分之二十一。在此次大選中，具投票資格的選民有百分之八十二的比例參與投票。黑森是相當富有的一州，設有多個工業區，因此這些投票結果顯示，納粹黨已經徹底擊垮天主教背景以外所有的資產階級政黨。實際上，德國只剩下四個政黨，分別是：納粹黨、中央黨、社會民主黨，以及共產黨。

一九三二年，納粹黨在占有德國三分之二人口的普魯士州四月大選中，同樣取得了百分之三十七的得票率。等到七月舉行全國大選時，希特勒已經成為德國位居龍頭地位的政治人物。雖然納粹黨在後續於一九三二年十一月所舉行的帝國議會選舉中，得票率下跌至百分之三十三，但是由於天主教中央黨和社會民主黨也都有損失票數，因此政治結構上的權力分配還是沒變。截至此時，納粹獨攬大權的局面依舊不是無可避免，而希特勒在那之後不久將成為總理，也絕非偶然。債務與永無止盡的危機解放了難以駕馭的力量，把最可怕的噩夢化成了現實。

後記

一九三九年三月，交遊廣闊的社交高手暨瑞典銀行家老馬庫斯·瓦倫堡在斯德哥爾摩慶祝他的七十五歲生日。到場向他祝賀的嘉賓，有一位是前德國財政部國務大臣漢斯·謝弗。謝弗在一九三二年五月中旬退出布呂寧內閣之後，成為德國最大型出版公司烏爾斯坦出版社（Ullstein Verlag）的常務董事。一年後，卻因為猶太家世背景，被戈培爾逼迫離職，最後，謝弗在一九三六年移居瑞典，並在兩年之後成為了瑞典公民。他再也沒有回去德國，即使是受到聯邦共和國（Federal Republic）首任總理康拉德·阿登納（Konrad Adenauer）邀他回國擔任經濟部國務大臣的請託，他也從未再踏上德國的土地。一八八六年出生於德意志帝國布雷斯勞的謝弗，選擇在瑞典南部城市延雪平（Jönköping）度過餘生，並於一九六七年逝世該地，留下妻子及四個女兒。

謝弗和瓦倫堡是在一九二四那年相識的，兩人當時都參與了制定《道威斯計畫》的協商過程。在一九三〇年至三一年間，為了防範及遏止金融危機，他倆的關係變得更加深厚。謝弗很欣賞這位中立金融家所給出的明智建議，曾將他介紹給布呂寧認識。瓦倫堡不以國家或銀行的名義來處事的作風，使其成為一名值得信賴的調停者。一九三三年，被迫離開烏爾斯坦出版社的謝弗，在瓦倫堡的引薦之下，得到了一分工作。伊瓦爾．克魯格的火柴公司破產，因此須要處理龐雜的法律作業，律師出身的謝弗於是被請來協助克魯格企業王國解決這些難題。對謝弗而言，這分工作形同「上天賜給他的禮物」，因為這分工作給了他移民國外的管道，並能夠有收入來養活家裡。瓦倫堡也幫助謝弗在抵達瑞典之後的兩年取得瑞典公民資格。謝弗在一九三六年完成這分工作後，便以法律顧問的身分，繼續留在重建之後的火柴公司就職[1]。

謝弗在一九三九年送給瓦倫堡的生日禮物是一本報告書，書名為《馬庫斯．瓦倫堡與一九三一年的德國銀行危機》。謝弗在這本報告書中描述了危機是如何發展形成，以及瓦倫堡在達納特銀行倒閉前後曾提供給布呂寧內閣的建議。這本根據謝弗本人詳細記錄的日記，以及其早前曾起草一分〈銀行危機不為人知的歷史〉手稿所撰寫而成的報告書，是目前保存最完整的當代記述資料之一。在他所寫的前言段落中，謝弗也把這整起事件放進了更加廣闊的歷史背景框架中去思考。他顯然認為，德國的銀行危機不能只從國內的角度去探討，而必須站在國際的觀點去分析[2]。

「一九三一年七月，德國規模最大的幾家銀行破產，是戰後歷史中極為重要的事件。布呂寧執政的第二年，必將被後世的德國及歐洲歷史學家投以特殊的關注。它代表了不斷透過和平的手段以及不招致未來戰爭的形式，努力讓德國重回列強行列的最後嘗試[3]。」

謝弗的國際觀也是這本書的核心要素。一九三一年之所以會爆發金融危機，是因為德國及其債權國未能及時因應其快速惡化的國內經濟及政治情況去修改賠款方案所致。一九三〇年一月，在海牙大會通過《楊格計畫》之際，這項計畫的內容與德國百姓所面臨的經濟現實之間的差距便已經擴大。然而，絕大多數外交官及政客卻未了解到，全球經濟蕭條並非只是一陣短暫肆虐的大雷雨，而是一場即將掏空世界經濟的金融及貨幣基礎的大海嘯。然後，等他們因為納粹黨贏得一九三〇年九月的議會選舉而開始緩慢意識到這場危機的嚴重性之後，他們又沒有辦法好好合作，進而敏銳地採取大膽的行動。對於越發絕望的德國政府而言，它所得出的結論是為了保有強權的地位，它必須對《楊格計畫》提出質疑。一如預期，德國政府於六月初發表的那篇宣言引發了一場無法止息的貨幣危機，即使美國總統胡佛在六月二十日著手做了最後的嘗試，事情依舊一發不可收拾。七月十三日星期一上午，原先便已因為重要顧客所造成的連帶損失而顯得搖搖欲墜的達納特銀行確定停止營業，兩天後，德國政府又實施交易管制，引發了全球資產流動性危機。

那麼，當時人們究竟有沒有可能及時、有條理地針對賠款方案進行修正呢？《楊格計畫》的締造者們相信，他們已經擬好了必要的規定。他們納入了一項條款，聲明假如德國政府「真心」認為它須要暫時降低賠款金額，國際清算銀行將會召開特別諮詢委員會來分析德國的處境，並向債權國政府提出不具法律約束力的建議。然而實際上，這項條款形同虛設。原因在於，一旦德國政府示意其無力支付整筆年金費用，投資人便會立刻將資金撤出德國。

這項難以落實的條款預示了這整起事件的發生。打從一開始，戰勝國便難以依據歐洲及美國的經濟與政治現況，制定出有望實現的賠款目標。也許是因為戰勝國彼此間的戰後利益過於分散，無法簡單收整成可實行的單一協議之故。一九一八年至一九年的情況實在太過複雜與混亂。然而，一九二一年發布的倫敦最後通牒，以及一九二四年提出的《道威斯計畫》又存在著相當大的缺陷，限制了那些試圖防止威瑪共和國於一九三〇年代初期發生金融及政治崩潰的人們逆轉情勢的空間。倫敦最後通牒所訂下的驚天高價，震驚了德國社會大眾，儘管據其附屬細則顯示，德國實際必須支付的金額其實沒有那麼高。《道威斯計畫》則是給了德國政府累積外債的動機，令其積欠了極高比例的短期債務。這導致德意志帝國在五年之內所須償還給私人債權人的外債金額，直逼戰後賠款金額的水準。

為了度過這場危機，漢斯．謝弗費盡苦心、卻終究未能成功的努力，說明了一旦任由經濟危機自然發展，債務陷阱會對政策制定者構成什麼樣的束縛。這位能力超群、勤奮認真，而且與社會民主黨及中間偏左派的德國民主黨關係密切的財政部國務大臣，對國際之間的合作懷抱信心，也全力支持《楊格計畫》。但是他知道，要滿足《楊格計畫》，德國政府必須先解決自身的財務問題，並須徹底支持布呂寧為了合併預算所做出的努力。歷史學家們以為，德國刪節開銷的政策是布呂寧的保守主義及國家主義信念所直接導致的後果，這是低估了結構限制問題才獲得的結論。只有極端政黨樂意拒絕《楊格計畫》，並透過擴張性財政及貨幣政策來促進經濟成長。相形之下，謝弗不願意莽撞地冒險破壞德國與債權國之間的關係。他也相信，德國是有能力滿足《楊格計畫》的條件。

因此，謝弗在一九三一年三月鼓勵總理大人以緊急政令的形式，準備好另一項財政緊縮配套措施，儘管他知道，這麼做必須付出極大的經濟及政治代價。但是他仍然認為，這是唯一可以避免資金危機的辦法。而建議布呂寧在公布緊急政令時，連帶向世界宣告德國人民不願意再做出任何犧牲的人，也是謝弗。「我很喜歡這個主意」，謝弗在日記中提到。他以為，發表這番聲明能夠向國內民眾傳達政府有意願針對賠款議題採取行動的心意，同時又因為沒有實際作為，而可以避免惹惱外國外交官及投資人。不過，我們現在已經知道，這分宣言就是引發一九三一年六月初貨幣危機的源頭。想當然耳，這樣的結果並不是謝弗想要的。儘管如此，他還是必須承擔部分的責任[4]。

謝弗也是一九三一年十二月所實施的嚴厲財政緊縮措施、人稱第四次緊急政令（Fourth Emergency Decree）的締造者之一，這項政令的推出令布呂寧內閣的人氣降到了新低點。事實上，謝弗甚至想要做到比嚴肅的總理大人認為適當的程度更絕的地步，他還提議課徵其他稅項來降低資金危機的可能性。而他未能掌握主導地位，也是促使他決定在一九三二年五月辭職的原因之一。事後看來，謝弗算是一號悲劇性人物。他將自身的才能及影響力投注在一項與他內心所抱持價值觀深深違背的政策上。藉由加速經濟危機的發展來削弱威瑪共和國的國力，肯定不是他在一九二九年年末成為財政部國務大臣時所想要做的事。然而，他卻促成了這樣的結果，因為他以為他別無選擇[5]。

這不禁讓人疑惑，締結國際協議的過程是如何迫使那些懷有善意的人們去做出有損其自身民主精神，以及國家之間和平合作的行為。第一次世界大戰過後，各國外交官及政客並沒有設計出兼具可持續性與剛柔並濟這兩種特性的賠款架構。而他們一旦發現原來的協議無法發揮預期作用，便會嘗試藉由逐步修正來挽救這項協議。但是這樣的做法經事實證明是不夠的，因為這麼做並沒有消除原先的錯誤，包括強行施加一項根本無法執行的賠款方案。考慮到德國在戰爭期間的所作所為，施以賠款方案或許本是公平及公正的做法，但事實卻證明，這樣的做法不切實際。因此到最後，債權國與德國民主制度終究是落得兩敗俱傷的下場。

從這個觀點來看，一九三一年的德國金融危機便不僅是一段重大的歷史經歷。它確實可以永遠提醒後人，在設立國際制度與訂定國際協議時，漠視國內政治動向與變化所可能招致的危險性。光憑善意來籲請眾人發揮合作精神是不夠的。同意訂立無法實行的國際規定並將之譽為重大突破，只是因為外交官和政客們不願意在經歷數回合的爭論及累人的協商過程之後空手而歸，亦稱不上明智。唯有在國內全體選民準備好接受以損失主權的方式來換取跨國合作的益處時，國際制度與國際協議才有可能有效發揮功用，也才有機會經受時間的考驗。

註釋

簡介

1. （Fröhlich 2005），第56頁（一九三一年七月十四日）。
2. 重要的參考資料包括：（Balderston 1993）、（Bennett 1962）、（Borchardt 1991）、（Born 1967）、（Eichengreen 1992）、（Ferguson及Temin 2003）、（James 1986）、（Ritschl 2002）、（Schnabel 2004a）。如欲了解相關研究摘要，請參見：（Burhop 2011）和（James 2003）。關於德國危機所引發的全球性後果，請參見：（Accominotti 2012）、（Ritschl及Sarferaz 2014），以及（Straumann, Kugler與Weber 2017）。
3. 如欲了解有關財政緊縮政策所帶來的負面影響之統計分析，請參見：（Ponticelli及Voth 2012）、（de Bromhead, Eichengreen及O'Rourke 2013），以及（Galofré-Vilà等人 2017）。
4. （Menken 1931），第528頁。有關國際與國內制度之間的緊張情勢，請參見：（Polanyi, 1944）、（Eichengreen 2008）、（Rodrik 2011）、（Bordo及James 2015），以及

（Temin與Vines 2013）。（James 2009）及（Eichengreen 2015）均針對一九三〇年代和最近期的財政危機進行了比較。

第一章：孤掌難鳴的渡鴉

1.（Somary 1986），第271頁。亦請參見：（James 2009），第75頁、（Straumann 2013），第9-11頁，以及（Hesse, Köster與Plumpe 2015），第53頁和第64頁。
2.（Somary 1986），第158頁。
3.（Somary 1932），第45-8頁。
4. 如欲了解有關世界經濟危機的概述，請參見：（Feinstein, Temin及Toniolo 1997），第171頁。德國整體失業率：（Balderston 1993），第5頁和第9頁。比較工業就業率：（Balderston 2002），第79頁；實質GDP：（Ritschl 2002），第27頁和表B.9。人均GDP：麥迪遜計畫（the Maddison Project）<http://www.ggdc.net/maddison/maddison-project/home.htm>（2013年版）。
5.（Somary 1986），第104頁。
6.（Mertz-Rychner 1991），第98頁；（Somary 1994），第9頁。
7.《經濟學人》，一九三二年十一月十二日：戰時債務附錄，第4頁。另請參閱：（James 2014），第278頁。
8.（Ritschl 2013），第116頁。另請參閱：（Schuker 1988），第49頁。
9.（Bähr及Rudolph 2011），第32頁；（Borchardt 1991），

第157頁；（James 1986），第42頁和第49頁；（Feldman 1993），第837頁。

10. 這位資深官員名叫漢斯．西蒙（Hans Simon）。引述自（Heyde 1998），第38頁。另請參閱：（Bennett 1962），第7-8頁、（Ritschl 2002），第120-41頁，以及（James 2014），第279頁。
11. （Bähr及Rudolph 2011），第32頁。
12. （Bähr及Rudolph 2011），第32頁；（Balderston 2002），第10-14頁。
13. 約翰．摩根寫給T. Lamont的信，一九二九年八月三十日，引述自（James 1985），第111頁。如欲了解關於當時興起的借貸熱潮敘述，請參見：（James 2014），第48-50頁，以及（Eichengreen 2015），第54-9頁。
14. （Kindleberger 1973），第56頁（表1）和第71頁（表2）；（McNeil 1986），第218頁；（Wolf 2010），第349頁。
15. （Leith-Ross 1968），第102頁（註腳1）；ADAP，B系列，第七卷，第244頁。帕克．吉爾伯特首次向德國政府提出的警告是出現在一九二七年十月的一分備忘錄中。
16. （Enquête-Ausschuss 1929），第164頁及其後面幾頁。有關沙赫特企圖阻止股市熱潮並減緩資本流動的爭議性作為，請參見：（Voth 2003）。
17. （Somary 1932），第45頁和第71頁；（Somary 1986），第158頁。
18. 《費加羅報》是翻譯及引述自（Shamir 1989），第33頁；關於德．馬士理的描寫是來自（Shamir 1989），第52頁。

19.（Johnson及Moggridge 1978），第2-3頁。
20.（Somary 1986），第146-7頁。
21.（Somary 1986），第150-1頁。
22.（Somary 1986），第156頁。

第二章：外交壯舉

1. 《小巴黎人報》，一九三〇年一月二十一日，第1頁；《泰晤士報》，一九三〇年一月二十一日，第14頁；*NYT*，一九三〇年一月二十一日，第6頁；*VZ*，一九三〇年一月二十一日，早報版，第1頁。
2. 《泰晤士報》，一九三〇年一月二十一日，第14頁；*VZ*，一九三〇年一月二十一日，早報版，第1頁。有關斯諾登在會議期間的不雅名聲，請參見：（Schäffer 1967），第56頁，以及（Curtius 1950），第72頁。
3. 《泰晤士報》，一九三〇年一月二十二日，第15頁；《經濟學人》，一九三〇年一月二十五日，第163頁；*NYT*，一九三〇年一月二十二日，第22頁。
4. 《時報》，一九三〇年一月二十二日，第1頁（社論）。
5. （Curtius 1948），第90頁；*VZ*，一九二九年十月三日，晚報版，第1頁。
6. （Unger 2005），第559-60頁；（Schäffer 1967），第63-4頁。
7. （Knipping 1987），第9-31頁；（Kolb 2003），第94-7頁。
8. （Unger 2005），第17-20頁；（Kolb 2003），第9頁；

（Schwerin-Krosigk 1951），第76頁。

9. 恩斯特·馮·魏茨澤克的敘述乃引述自（Rödder 1996），第41頁；（Tabouis 1958），第68頁。
10. 有關德國外交政策從施特雷澤曼時期到庫爾提斯時期的延續，請參見：（Heyde 1998），第56頁。有關塔迪厄的職業生涯與政治思想，請參見：（Monnet 1993）。
11. （Unger 2005），第564-5頁。
12. （Curtius 1948），第122頁；（Leith-Ross 1968），第127頁。
13. 《經濟學人》，一九三〇年一月二十五日，第162頁；*VZ*，一九三〇年一月二十日，早報版，第1頁；（Schmidt 1949），第193頁。
14. 《泰晤士報》，一九三〇年一月二十一日，第14頁；法國代表團的發言乃引述自（Rödder 1996），第65頁。
15. 如欲了解有關賠償方案協議書的評論，請參見：（Marks 1978）、（Gomes 2010），以及（Ritschl 2013）。如欲了解有關《凡爾賽條約》的分析，請參見：（MacMillan 2001）、（Tooze 2014），以及（Kershaw 2015）。
16. 這是由（Kindleberger 1973）及（Temin與Vines 2013）所提出的主要論點。
17. 有關賠償方案造成的經濟負擔，請參見：（Hantke與Spoerer 2010）及（Ritschl 2013）。（Holtfrerich 1986）與（Feldman 1993）是關於德國惡性通貨膨脹的標準參考文獻。
18. （Zweig 2013），第15章。
19. （Balderston 2002），第53-8頁，以及（Wehler 2003），第

247-9頁。

20.（Kindleberger 1973），第38頁和第54頁；（James 1986），第48頁；（Feinstein, Temin及Toniolo 1997），第91頁（表5.2）；（Ritschl 2002），第228頁。
21.（Leith-Ross 1968），第102頁。
22. 此番論點主要是由（Ritschl 2002）所提出。如欲了解更簡明扼要的版本，請參見：（Ritschl 2013）。
23. 請參見第一章〈孤掌難鳴的渡鴉〉：（Somary 1932），第46頁。如欲了解有關德國銀行體系資本適足率的分析，請參見：（Schnabel 2004a），第839頁，以及（Eichengreen 2015），第138頁。
24.（Moulton及Pasvolsky 1932），第223頁及其後面幾頁。
25. 歐文．楊格的發言乃引述自（Link 1970），第489頁。
26.（Curtius 1948），第138-41頁。
27.（Maurer, Wengst及Heideking 1980），第206頁；（Schuker 1988），第47-8頁；（Wandel 1974），第127頁和第145頁；（James 1985），第109頁（註腳45）；（Schäffer 1967），第48頁。
28.（Somary 1986），第155頁、第157-8頁和第163頁。
29.（Bachmann 1996），第127頁及其後面幾頁，和第153頁；（Maurer 1973），第48頁及其後面幾頁，和第65頁；（Somary 1986），第155-6頁。

第三章：「勝券在握」

1. 上議院表決票數：楊格計畫：四十二票同意、五票反對；波蘭協議案：三十票同意、十票反對。
2. *VZ*，一九三〇年三月十三日，早報版，第1頁。
3. *VZ*，一九三〇年三月十二日，晚報版，第1頁。
4. 帝國議會開會紀錄（Verhandlungen des Reichstags），一九三〇年三月十二日，第4364頁：Löbe（SPD，帝國議會主席2013年版），第4388頁：格雷戈爾．史特拉瑟（Gregor Strasser）（NSDAP）。
5. 帝國議會開會紀錄，一九三〇年三月十二日，第4368-9頁：馬克斯．瓦爾拉夫（Max Wallraf）（DNVP）。
6. （Kershaw 1999），第310頁。
7. 帝國議會開會紀錄，一九三〇年三月十二日，第4391頁：沃爾特．斯托克（Walter Stoecker）（KPD）。
8. 帝國議會開會紀錄，一九三〇年三月十二日，第4363頁；（Maurer 1973），第120-1頁；（Pünder 1961），第43頁。
9. 《時報》，一九三〇年三月十四日，第1頁（每日公告）。
10. （Pyta 2007），第461頁和第545-53頁。
11. AdR, Müller II，第1544頁和第1580-2頁；（Curtius 1948），第143頁。
12. （Winkler 2000），第458頁及其後面幾頁，和第485-7頁；（Wehler 2003），第350頁及其後面幾頁；（Pyta 2007），第557頁。
13. （Wandel 1974），第141頁。另請參閱：施萊謝爾的肖像畫，

（Meissner 1950），第256頁。

14.（James 1986），第52頁；（Brown 1988），第229頁；（Balderston 1993），第1頁和第5頁；（Balderston 2002），第77頁和第270頁；（Ritschl 2002），附件表格B.1。

15.（Maurer 1973），第49頁；（Wandel 1974），第138頁；（Bachmann 1996），第127頁。失業率數字請參見：（Balderston 1993），第2頁。

16.（Pünder 1961），第45-6頁；（Kindleberger 1973），第139頁；（Maurer, Wengst及Heideking 1980），第100頁；（Winkler 2000），第488頁；（Evans 2003），第247頁。（Winkler 2000），第487頁；（Pyta 2007），第552-3頁。

17. 兩篇出色的傳記是出自於（Patch 1998）及（Hömig 2000）。如欲了解有關歷史學家針對布呂寧總理在任職期間的表現所進行的各項評估及傳記調查，亦請參見：（Hömig 2000），第18-19頁和第22-6頁。

18.（Maurer, Wengst及Heideking 1980），第100-1頁。

19.（Patch 1998），第23頁。

20.（Schwerin-Krosigk 1951），第131頁；（Lohe 1961），第115頁；（Luther 1964），第114頁；（Burke 1994），第99頁；（Patch 1998），第23頁；（Hömig 2000），第22頁，和第211頁及其後面幾頁。

21.（Schwerin von Krosigk 1974），第64頁。

22.（Treviranus 1968），第117頁。

23. *VZ*，一九三〇年三月三十日，第1頁；（Pünder 1961），第46頁。

24. （Winkler 2000），第487-8頁。
25. （Maurer 1973），第141頁；（Schwerin von Krosigk 1974），第60-1頁。
26. *VZ*，一九三〇年三月二十八日，晚報版，第6頁；《金融時報》的敘述乃引述自（Brown 1988），第235頁。
27. *NYT*，一九三〇年三月二十九日；《泰晤士報》，一九三〇年三月二十九日；《泰晤士報》，一九三〇年三月三十一日；《經濟學人》，一九三〇年四月五日，第766頁。
28. 《時報》，一九三〇年四月四日，第1頁（每日公告）；《工作日報》，一九三〇年四月一日，第1頁，引述自（Brüning 2010），第152-3頁；《小巴黎人報》，一九三〇年三月二十八日，第1頁；《小巴黎人報》，一九三〇年三月二十九日，第1頁。
29. 《費加羅報》，一九三〇年三月二十九日。另請參閱：（Brüning 2010），第155頁。
30. （Pünder 1961），第50-1頁。
31. （Maurer, Wengst及Heideking 1980），第206頁；（Bachmann 1996），第196-9頁。
32. （Mouré 1991），第14-16頁。
33. 《國際事務調查》（Survey of International Affairs），一九三〇年，第136-7頁；（Tabouis 1958），第64頁。
34. 《聯準會公告》（*Federal Reserve Bulletin*），一九三〇年五月，第285頁；赫伯特．胡佛，「總統新聞會議」，一九三〇年三月七日。由Gerhard Peters與John T. Woolley合著的線上文章，〈美國總統計畫〉（*The American Presidency Project*），

<http://www.presidency.ucsb.edu/ws/?pid=22539>。亦請參見：（Kindleberger 1973），第128頁。

35. *NYT*，一九三〇年三月八日，第1頁。（Rappleye 2016），第115頁，強調胡佛與人民之間的溝通困難。如欲了解今日歷史學家對胡佛的正面評價，請參見：（Crafts及Fearon 2010），第293頁。

第四章：希特勒的勝利

1. *NYT*，一九三〇年六月三十日，第1頁。
2. 《經濟學人》，一九三〇年六月二十一日，第1378頁。如欲了解有關《斯姆特－霍利關稅法案》的現代觀點，請參見：（Irwin 2011）。
3. （Brüning 1970），第170頁；（Knipping 1987），第57頁；（Heyde 1998），第50頁；DBFP, 1919-39年，系列二，第一卷，第475-6頁。
4. DBFP, 1919-39年，系列二，第一卷，第487-8頁；原文刊載於*VZ*，一九三〇年七月一日，早報版，第1頁。
5. *NYT*，一九三〇年七月一日，第1頁和第13頁。
6. AdR, Brüning I，第199頁。
7. 《時報》，一九三〇年七月二日，第1頁（每日公告）；DBFP, 1919-39年，系列二，第一卷，第486頁。
8. 刊載於*NYT*，一九三〇年七月二日；*VZ*，一九三〇年七月三日，晚報版，第1頁；*VZ*，一九三〇年七月四日，晚報版，第1頁。

9. 《時報》，一九三〇年七月七日，第1頁（每日公告）；（Shamir 1989），第15頁和第17頁。
10. DBFP, 1919-39年，系列二，第一卷，第598-603頁。
11. ADAP, 系列B，第XV卷，第299-305頁。另請參閱：（Heyde 1998），第88頁。
12. AdR, Brüning I，第87頁；（Brüning 1970），第177頁。
13. 《國際事務調查》，一九三〇年：白里安所提出的歐洲聯盟團結計畫，第131-42頁；（Knipping 1987），第225頁；（Heyde 1998），第84頁和第89-90頁。另請參閱：AdR, Brüning I，第281頁。
14. （Kindleberger 1973），第128頁；（Toniolo 2005），第71-2頁；《德國經濟學人》，一九三〇年七月四日，第四十號，第四年度，第1361頁及其後面幾頁，引述自（Bachmann 1996），第204頁。
15. （Maurer, Wengst及Heideking 1980），第207頁；謝弗的日記，一九三〇年五月十日。
16. *VZ*，一九三〇年六月六日，晚報版，第1-2頁。另請參閱：AdR, Brüning I，第192頁。
17. 《前進報》，一九三〇年六月六日，早報版，第1頁；（Maurer, Wengst及Heideking 1980），第243-6頁；AdR, Brüning I，第211-12頁。
18. 新任經濟部長是由特倫德倫堡（Trendelenburg）來出任。
19. （Treviranus 1968），第28-9頁；（Schwerin von Krosigk 1974），第62-3頁；（Wandel 1974），第150頁。
20. 謝弗的日記，一九三〇年六月二十四日。

21. 帝國議會開會紀錄，一九三〇年七月十六日，第6407頁；最終結果：第6435頁（兩百五十六票反對，一百九十三票贊成）。
22. 《前進報》，一九三〇年七月十七日，第1頁；帝國議會開會紀錄，一九三〇年七月十八日，第6523頁：共產黨員。
23. AdR, Brüning I，第329-30頁；*VZ*，一九三〇年七月二十七日，晚報版，第1頁。另請參閱：（Bachmann 1996），第201頁；（Patch 1998），第95頁。
24. （Curtius 1948），第164頁；（Hömig 2000），第177頁；*VZ*，一九三〇年七月十九日，早報版，第1頁。
25. （Winkler 2000），第490頁；（Schulz 1992），第118頁；（Patch 1998），第94-5頁；（Hömig 2000），第185頁；（Kershaw 1999），第412頁，持反對意見；AdR, Brüning I，第321頁。
26. （Hömig 2000），第171頁。另請參閱：（Brüning 1970），第182頁。
27. 《德國經濟學人》，一九三〇年九月五日，附件第四十九號，第766頁，引述自（Brown 1988），第241頁。
28. 《經濟學人》，一九三〇年七月二十六日，第170頁和第176頁；《泰晤士報》，一九三〇年七月二十一日，第13頁；《時報》，一九三〇年七月十四日，第1頁（每日公告）。
29. 引述自（Shamir 1989），第22頁和第52-3頁。
30. 德國駐巴黎大使－利奧波德．馮．赫施－在向柏林的長官說明法國的心態時，講得完全正確：ADAP，B系列，第XV卷，第383頁和第385-7頁。
31. （Maurer, Wengst及Heideking 1980），第357頁；DBFP, 1919-

39年，系列二，第一卷，第505頁；（Pünder 1961），第58-9頁。

32.（Pünder 1961），第59-60頁；*VZ*，一九三〇年九月十五日，晚報版，第1頁。

33.（Wandel 1974），第154頁。

34.《Hitler: Reden, Schriften, Anordungen》（暫譯，希特勒：演講、著作、命令）：一九二五年二月至一九三三年一月，第三卷，第三節：於慕尼黑NSDAP集會上之演講，一九三〇年七月十八日，第279頁。

35.《Hitler: Reden, Schriften, Anordungen》（暫譯，希特勒：演講、著作、命令）：一九二五年二月至一九三三年一月，第三卷，第三節：於慕尼黑NSDAP領導會議上之演講，一九三〇年七月二十七日，第291-2頁。

36.（Heyde 1998），第91頁；（Patch 1998），第102頁和第130-1頁；（Schulz 1992），第123頁；（Kershaw 1999），第330頁；（Evans 2003），第218頁；（Herbert 2014），第280頁。

37. AdR, Brüning I，第385頁。

38.《時報》，一九三〇年九月十五日，第1頁。

39.（Evans 2003），第261-5頁；（Herbert 2014），第285-6頁。

40. *VZ*，一九三〇年九月十五日，晚報版，第2頁。

41.（Fröhlich 2005），第239頁（一九三〇年九月十五日）。

第五章：力挽狂瀾

1. （Maurer, Wengst及Heideking 1980），第383-6頁。
2. （Curtius 1948），第171頁。
3. （Pünder 1961），第60頁。
4. （Maurer, Wengst及Heideking 1980），第385頁；AdR, Brüning I，第429頁。
5. AdR, Brüning I，第430頁。
6. *VZ*，晚報版，一九三〇年九月十五日。
7. *VZ*，晚報版，一九三〇年九月十六日；（Brown 1988），第241頁。
8. AdR, Brüning I，第434頁（註腳2）；（Heyde 1998），第95頁；*VZ*，一九三〇年九月二十日，晚報版，第1頁；*VZ*，一九三〇年九月十九日，晚報版，第5頁；*NYT*，一九三〇年九月二十日，第7頁。
9. AdR, Brüning I，第432-4頁；（Maurer, Wengst及Heideking 1980），第397-400頁。
10. （Heyde 1998），第61頁。
11. （Maurer, Wengst及Heideking 1980），第379頁；AdR, Brüning I，第432-4頁；（Bennett 1962），第17頁。
12. 另請參閱：（Partnoy 2009）所寫的傳記。
13. AdR, Brüning I，第434頁；（Brown 1988），第244頁；*VZ*，一九三〇年九月二十日，早報版，第5頁。
14. AdR, Brüning I，第447-9頁；*VZ*，一九三〇年九月二十五日，晚報版，第5頁；*VZ*，一九三〇年九月二十六日，早報版，第

14頁。

15. 謝弗的日記，一九三〇年九月二十六日；（Bachmann 1996），第213頁；AdR, Brüning I，第480-1頁。

16. 謝弗的日記，一九三〇年九月二十八日；所有問答皆條列於AdR, Brüning I，第127號；AdR, Brüning I，第502頁（註腳2）；（Heyde 1998），第95頁和第125頁。

17. AdR, Brüning I，第498頁；謝弗的日記，一九三〇年十月二日。另請參閱：謝弗的日記，一九三〇年十月一日：Krosigk告訴謝弗有關公債的事情。

18. AdR, Brüning I，第498-504頁。另請參閱：謝弗的日記，一九三〇年十月二日和十月五日。

19. AdR, Brüning I，第502-3頁（亦請參見第504頁：「投資」）；謝弗的日記，一九三〇年十月六日。

20. （Pünder 1961），第61-2頁。如欲了解完整的計畫內容，請參見：AdR, Brüning I，第470-5頁。另請參閱：（Wandel 1974），第154頁。

21. AdR, Brüning I，第469頁；（Wandel 1974），第154頁；謝弗的日記，一九三〇年十月一日；*VZ*，一九三〇年十月一日，早報版，第2頁；（Pünder 1961），第64頁。

22. *VZ*，一九三〇年十月七日，早報版，第1-2頁。

23. （Fröhlich 2005），第255頁（一九三〇年十月六日）。晚期有消息來源指出，希特勒對布呂寧懷有自卑情結（inferiority complex）：（Patch 1998），第136頁。

24. （Brüning 1970），第191-6頁；（Treviranus 1968），第162頁。

25. 如欲了解有關布呂寧回憶錄的批判性評估，請參見：（Morsey 1975），（Hömig 2000），第20-2頁；（Patch 1998），第135頁。
26. AdR, Brüning I，第511頁。
27. 謝弗的日記，一九三〇年十月八日；*VZ*，一九三〇年十月九日，晚報版，第1頁。
28. 請參見（Kopper 2006）所寫的傳記。
29. （Wala 2001），第161-2頁；謝弗的日記，一九三〇年十月一日；*NYT*，一九三〇年十月三日：紐約及其他地方的社交活動紀錄。
30. （Schacht 1953），第342頁；*NYT*，一九三〇年十月三日。
31. *NYT*，一九三〇年十月四日，第8頁。另請參閱：（Heyde 1998），第101頁。
32. *VZ*，一九三〇年十月七日，晚報版，第2頁；（Brüning 1970），第197頁；*VZ*，一九三〇年十月十日，早報版，第1頁。
33. 謝弗的日記，一九三〇年十月十日和十月十四日。
34. 謝弗的日記，一九三〇年十月十一日；（Bennett 1962），第19頁；（Bachmann 1996），第218頁。
35. 謝弗的日記，一九三〇年十月十日；*VZ*，一九三〇年十月十二日，週日版，第1頁；（Pünder 1961），第67頁。
36. *VZ*，一九三〇年十月十四日，晚報版，第1頁；（Brüning 1970），第199頁；（Heyde 1998），第96頁；*VZ*，一九三〇年十月十四日，早報版，第2頁。
37. *VZ*，一九三〇年十月十四日，早報版，第2頁。

38. *VZ*，一九三〇年十月十四日，早報版，第5頁；*VZ*，一九三〇年十月十四日，晚報版，第2頁。
39. *VZ*，一九三〇年十月十五日，早報版，第1頁；*VZ*，一九三〇年十月十五日，晚報版，第1頁；*VZ*，一九三〇年十月十六日，晚報版，第1頁。另請參閱：（Brüning 1970），第199-200頁。
40. 帝國議會開會紀錄，一九三〇年十月十八日，第112-201頁；*VZ*，一九三〇年十月十九日，晚報版，第1頁。
41. （Pünder 1961），第67頁；*VZ*，一九三〇年十月十九日，晚報版，第1頁；（Hardach 1976），第121頁；（Brüning 1970），第201頁。

第六章：「繼俾斯麥以來，第一位名符其實的總理」

1. 《泰晤士報》，一九三〇年十月二十一日，第14頁；（Brown 1988），第246頁；*VZ*，一九三〇年十一月十八日，晚報版，《福斯日報》財經商業雜誌。另請參閱：（Hardach 1976），第121頁。
2. AdR, Brüning I，第509頁。
3. 希特勒，《週日快報》，一九三〇年九月二十八日，收錄於《希特勒：演講、著作、命令》：第三卷，第三節，第455頁。
4. （Maurer, Wengst及Heideking 1980），第417-419頁。
5. （Heyde 1998），第125頁；（Eichengreen 2015），第136頁。

6. 《時報》，一九三〇年九月十六日，第1頁；《費加羅報》，一九三〇年九月十六日，第1頁。
7. （Bennett 1962），第17頁；（Heyde 1998），第135頁；（Maurer, Wengst及Heideking 1980），第400-1頁。
8. （Shamir 1989），第5-7頁；（Eichengreen 2015），第134-46頁。
9. 《泰晤士報》，一九三〇年九月十六日，第13頁（社論）；《經濟學人》，一九三〇年九月二十日，第512頁；（Brown 1988），第242頁。另請參閱：《經濟學人》，一九三〇年十月四日，第620-1頁。
10. DBFP, 1919-39年，系列二，第一卷，第525-27頁、第535頁和第537頁。另請參閱：（Bennett 1962），第26頁及其後面幾頁，關於一九三〇年十二月十日英國行動方針的敘述。
11. *NYT*，一九三〇年九月十六日，第3頁和第20頁（社論）。
12. （Wicker 1996），第24頁及其後面幾頁。
13. *NYT*，一九三〇年十月十九日，第36頁；FRUS, 1930年，第三卷，第89頁。
14. （Somary 1931）。
15. （Somary 1986），第162頁。
16. 謝弗的日記，一九三〇年十二月十五日。
17. AdR, Brüning I，第728-9頁。
18. AdR, Brüning I，第755-8頁。
19. （Fromm 1990），第24頁和第28頁。另請參閱：*VZ*，一九三〇年一月二十日，晚報版，第1頁所刊登的薩克特人像照。
20. （Bennett 1962），第31頁；AdR, Brüning I，第757-8頁。

21. 史汀生的日記，一九三〇年十月十日和一九三〇年十二月二十八日，引述自（Link 1970），第499頁。另請參閱：（Link 1970），第505頁。
22. *NYT*，一九三一年一月十二日，第1頁。
23. *NYT*，一九三一年一月十六日，第1頁。
24. *NYT*，一九三一年一月十二日，第1頁及一九三一年一月十六日，第1頁；（Bennett 1962），第38頁。
25. 《芝加哥論壇報》（*Chicago Tribune*），一九三一年三月十日，第22頁；（Burke 1994），第112頁；（Bennett 1962），第37頁。
26. （Brüning 1970），第230頁；（Hardach 1976），第123頁；（Link 1970），第492頁；AdR, Brüning I，第855頁（註腳2）和第856-7頁。
27. （Bachmann 1996），第235頁及其後面幾頁；（Burke 1994），第115頁；（Ferguson及Temin 2003），第13頁；（Schulz 1992），第294頁及其後面幾頁；*VZ*，一九三一年二月九日，晚報版，第1頁；*NYT*，一九三一年二月十七日，第8頁。
28. （Brown 1988），第247頁；（Heyde 1998），第119頁；（Hardach 1976），第123-4頁；（Wandel 1974），第169頁；*NYT*，一九三一年一月十二日，第1頁。
29. （Schulz 1992），第282-3頁；（Rödder 1996），第92頁；DBFP, 1919-39年，系列二，第一卷，第559頁。
30. *NYT*，一九三一年一月十二日，第1頁；（Bennett 1962），第123頁。

31. DBFP, 1919-39年，系列二，第一卷，第577-8頁和第580頁。
32. AdR, Brüning I，第963頁（註腳6）；AdR, Brüning I，第1018頁（註腳5）。另請參閱：（Heyde 1998），第167-9頁；（Curtius 1948），第213頁；《泰晤士報》，一九三一年六月五日，第15頁（社論）。
33. *NYT*，一九三一年二月十四日，第9頁。
34. （Schäffer 2008），第23頁。
35. （Rödder 1996），第122頁。另請參閱：（Bennett 1962），第93頁。

第七章：回天乏術

1. AdR, Brüning I，第926-7頁。另請參閱：（Patch 1998），第150頁。
2. （Pünder 1961），第93頁。
3. AdR, Brüning I，第970-1頁。
4. *VZ*，一九三一年三月二十日，晚報版，第1頁；《泰晤士報》，一九三一年三月二十一日星期六，第11頁；ADAP，B系列，第十七卷，第93-6頁。確切的大事年表記載於（Rödder 1996），第202-3頁。
5. 《時報》，一九三一年三月二十三日，第1頁（社論）；《小巴黎人報》，一九三一年三月二十九日，第1頁；*NYT*，一九三一年三月二十三日，第2頁。
6. FRUS, 1931年，第一卷，第590頁。普遍常見的故事版本所突顯的是《新自由報》（*Neue Freie Presse*）（維也納）於一九三一年三月十七日所刊登的文章。但是根據（Bennett 1962），第58頁及（Hömig 2000），第299頁的描述，法國人在早幾天之前便已得知此事。

7. （Curtius 1948），第195頁；（Knipping 1987），第215頁；《泰晤士報》，一九三一年三月二十五日，第14頁；（Rödder 1996），第205-6頁；DBFP, 1919-39年，系列二，第二卷，第12-14頁；AdR, Brüning I，第984-6頁；*NYT*，一九三一年三月二十五日。另請參閱：FRUS, 1931年，第一卷，第572頁及其後面幾頁。
8. AdR, Brüning I，第970頁；（Hömig 2000），第296頁；范西塔特的發言乃引述自（Rödder 1996），第200頁（註腳91）。
9. AdR, Brüning I，第970頁。
10. （Brüning 1970），第263-70頁。另請參閱：（Hömig 2000），第302頁也批評了布呂寧對於這項計畫的猶豫不決。
11. *NYT*，一九三一年四月一日。
12. （Balderston 1993），第5頁；《德國經濟學人》，經濟情況，一九三一年四月三日；*VZ*，一九三一年四月十七日，晚報版，第7頁；薩克特的敘述乃引述自（Ferguson及Temin 2003），第39頁。
13. （Büttner 2008），第421頁；（Patch 1998），第147頁；*VZ*，一九三一年三月二十七日，早報版，第1頁；（Evans 2003），第269-70頁；（Pünder 1961），第94頁。
14. （Fröhlich 2005），第376頁（一九三一年四月一日）；（Burke 1994），第160頁及其後面幾頁；（Fröhlich 2005），第378頁（一九三一年四月四日）。

15. （Knortz 2010），第247頁；德國醫學會的敘述乃引述自*NYT*，一九三一年六月二十日，第8頁；《自由言論報》的敘述乃引述自（Herbert 2014），第265頁。
16. AdR, Brüning I，第1043頁；AdR, Brüning I，第1053頁。
17. AdR, Brüning I，第1054-7頁。
18. AdR, Brüning I，第1962-3頁；謝弗的日記，一九三一年五月十一日和五月十二日；（Schubert 1991），第10頁；（Macher 2015），第12-15頁。奧地利危機對於德國銀行的影響不大：（Schnabel 2004a），第852頁；（Hardach 1976）、（James 1984）、（Ferguson及Temin 2003），以及（Burhop 2011），第20-1頁。
19. 引述自（Leith-Ross 1968），第133頁。
20. （Schubert 1991），第12頁；（Marcus 2011），第302頁和第306頁。
21. 《新自由報》，一九三一年五月二十九日，早報版，第1頁。
22. *VZ*，一九三一年五月十二日，晚報版，第5頁；謝弗的日記，一九三一年五月十二日。
23. *VZ*，一九三一年五月九日，早報版，第4頁。
24. SPD、DDP和DVP分別流失了百分之八、百分之七點五及百分之十三點六的得票率。此次投票率高達百分之七十五，相較之下，一九二八年五月最後一次選舉的投票率為百分之七十。（Fröhlich 2005），第409頁（一九三一年五月十九日）；（Maurer, Wengst及Heideking 1980），第623-7頁，引述自第626頁；AdR, Brüning I，第1140-2頁；（Heyde 1998），第173頁。五月二十六日，布呂寧內閣討論了一項維也納救援配套措施：AdR, Brüning I，第1104-6頁。

25. *VZ*，一九三一年五月十九日，晚報版，第1-2頁；《時報》，一九三一年六月一日，社論，第1頁；*VZ*，一九三一年六月十一日，晚報版，第1頁。另請參閱：（Brüning 1970），第272-3頁。
26. AdR, Brüning I，第1147頁。另請參閱：（Maurer, Wengst及Heideking 1980），第632-6頁。
27. AdR, Brüning I，第1171頁和第1178頁；（Schwerin von Krosigk 1974），第68頁。另請參閱：（Pünder 1961），第98頁。
28. AdR, Brüning I，第1178頁；（Brüning 1970），第278頁；（Pünder 1961），第98頁；《泰晤士報》，一九三一年六月四日，第14頁；《泰晤士報》，一九三一年六月五日，第15頁。
29. （Schmidt 1949），第201-3頁；（Brüning 1970），第278頁。
30. 《泰晤士報》，一九三一年六月五日，第14頁；《泰晤士報》，一九三一年六月六日星期六，第12頁。
31. 《泰晤士報》，一九三一年六月六日星期六，第15頁；（Brüning 1970），第279頁。
32. （Brüning 1970），第279頁；謝弗的日記，一九三一年六月五日；AdR, Brüning I，第1183頁。
33. （Brüning 1970），第279-81頁。
34. （Schmidt 1949），第205頁；FRUS, 1931年，第一卷，第007號，總論，第10頁。

35.（Brüning 1970），第281頁；（Leith-Ross 1968），第134頁；DBFP, 1919-39年，系列二，第二卷，第71-7頁。另請參閱：（Schmidt 1949），第205-6頁。
36. DBFP, 1919-39年，系列二，第二卷，第71-7頁；（Maurer, Wengst及Heideking 1980），第650頁。
37. DBFP, 1919-39年，系列二，第二卷，第74頁。另請參閱：（Schmidt 1949），第209頁。
38.（Toniolo 2005），第88-97頁。
39. DBFP, 1919-39年，系列二，第二卷，第76頁。
40.（Bennett 1962），第128頁；《星期日泰晤士報》（倫敦），一九三一年六月七日星期日，第15頁。
41. DBFP, 1919-39年，系列二，第二卷，第77頁；（Brüning 1970），第283頁。
42.（Brüning 1970），第284頁。
43 （Schmidt 1949），第213-14頁；（Bennett 1962），第141-2頁；（Pünder 1961），第99頁。
44.（Heyde 1998），第189頁；（Schmidt 1949），第214-15頁。

第八章：華盛頓伸出援手

1.（James 1986），第302頁；*VZ*，一九三一年六月九日，晚報版，第5頁；（Priester 1932），第23頁。
2.（Priester 1932），第22-3頁；（Born 1967），第71頁；*VZ*，一九三一年六月五日，晚報版，第5頁。

3. 請參見I. Schnabel與T. Ferguson/P. Temin的辯論：（Schnabel 2004a）、（Ferguson及Temin 2004），以及（Schnabel 2004b）。
4. （Feldman 1994），第316頁。
5. （Born 1967），第96-7頁；（Feldman 1994），第318頁；（James 1986），第310頁；（Bähr及Rudolph 2011），第48頁。
6. （James 2013），第122頁；（Feldman 1994），第324頁。
7. （Eichengreen 2015），第144頁。
8. （Pünder 1961），第99頁；（Hardach 1976），第128頁；AdR, Brüning I，第1189頁和第1190-1頁；（Maurer, Wengst及Heideking 1980），第653頁（註腳17）。另請參閱：*VZ*，一九三一年六月十二日，早報版，第1頁。
9. （Hömig 2000），第277頁；*VZ*，一九三一年六月十二日，晚報版，第3頁。
10. AdR, Brüning I，第1191頁（註腳1）；（Brüning 1970），第286-7頁。
11. （Priester 1932），第24頁；（Born 1967），第73頁；（Fröhlich 2004），第37頁（一九三一年六月十三日）。
12. （Pünder 1961），第100頁；AdR, Brüning I，第1214頁（註腳6）。
13. AdR, Brüning I，第1198-204頁；（Pünder 1961），第100頁。
14. *VZ*，一九三一年六月十六日，晚報版，第1頁；AdR, Brüning I，第1212頁和第1214頁（註腳6）。
15. （Pünder 1961），第100頁。

16. （Luther 1964），第170頁；（Born 1967），第76-7頁；（Priester 1932），第31頁。
17. 其正確名稱為萊茵省州立銀行（Landesbank of the Rheinprovinz）。*VZ*，一九三一年六月十八日，晚報版，第5頁；（Bähr及Rudolph 2011），第72頁；AdR, Brüning I，第1295-6頁和第1298-300頁；（Burhop 2011），第15頁。
18. （Bähr及Rudolph 2011），第41頁；謝弗的日記，一九三一年六月十九日；《經濟學人》，一九三一年六月二十日。
19. VZ，一九三一年六月二十日，早報版，第1頁；赫伯特．胡佛：「有關德國經濟情勢展開會議之聲明」，一九三一年六月十九日。由Gerhard Peters及John T. Woolley合著的線上文章，〈美國總統計畫〉，<http://www.presidency.ucsb.edu/ws/?pid=22717>。
20. 謝弗的日記，一九三一年六月二十日。
21. 確切的時間是取自（Brüning 1970），第292頁。
22. （Pünder 1961），第101頁；（Heyde 1998），第195頁；DBFP, 1919-39年，系列二，第二卷，第85-6頁；（Brüning 1970），第292頁；FRUS, 1931年，第一卷，第39頁；謝弗的日記，一九三一年六月二十日。
23. FRUS, 1931年，第一卷，第32-9頁；（Brüning 1970），第292頁；謝弗的日記，一九三一年六月二十日；（Pünder 1961），第101頁。
24. FRUS, 1931年，第一卷，第33頁；赫伯特．胡佛：「宣布政府間債務延期償付提案之聲明」，一九三一年六月二十一日。由Gerhard Peters及John T. Woolley合著的線上文章，〈美國總統計畫〉，<http://www.presidency.ucsb.edu/ws/?pid=22720>。

25. 赫伯特．胡佛：「宣布政府間債務延期償付提案之聲明」，一九三一年六月二十一日。由Gerhard Peters及John T. Woolley合著的線上文章，〈美國總統計畫〉，<http://www.presidency.ucsb.edu/ws/?pid=22720>
26. （Bennett 1962），第136頁；（Rappleye 2016），第188頁。
27. 赫伯特．胡佛，公開文件，一九三一年：包含總統所發表的公開訊息、演講及聲明，一九三一年一月一日至十二月三十一日，第657-8頁；（Burke 1994），第127頁。
28. 胡佛，公開文件，第二卷，一九三一年，第659頁。
29. （Heyde 1998），第170頁；胡佛，公開文件，第二卷，一九三一年，附錄I，第658-9頁。
30. 史汀生的日記，一九三一年七月十三日，引述自（Rappleye 2016），第257-9頁；胡佛，公開文件，一九三一年，第二卷，附錄I，第662頁。
31. *NYT*，一九三一年六月十一日，第2頁。
32. 胡佛，公開文件，一九三一年，第二卷，附錄I，第668頁。（一九三一年六月十四日）
33. FRUS, 1931年，第一卷，第19頁；胡佛的回憶錄，第三卷，第68頁；（Schäffer 2008），第31-2頁；史汀生的日記，一九三一年六月十九日，引述自（Wala 2001），第174頁。
34. （Priester 1932），第31頁。
35. *NYT*，一九三一年六月二十二日，第15頁；《泰晤士報》，一九三一年六月二十二日，第13頁。
36. 布呂寧於一九三一年六月二十三日舉行的演講。英文版內容請參見FRUS, 1931年，第一卷，第51頁。

37.（Fröhlich 2004），第44頁（一九三一年六月二十四日）。

第九章：終局

1.（Johnson及Moggridge 1978），第554頁。
2.（Heyde 1998），第206頁；《費加羅報》，一九三一年六月二十二日，第1頁；《費加羅報》，一九三一年六月二十三日，第3頁（新聞評論）；《時報》，一九三一年六月二十二日，第1頁（每日公告）；《費加羅報》，一九三一年六月二十五日，第5頁（新聞評論）；FRUS, 1931年，第一卷，第44頁。
3. FRUS, 1931年，第一卷，第46頁；卡索的日記，一九三一年六月二十三日，引述自（Wala 2001），第176頁。
4. FRUS, 1931年，第一卷，第63頁。
5. FRUS, 1931年，第一卷，第62-5頁；（Bennett 1962），第173-4頁。
6. FRUS, 1931年，第一卷，第62頁；ADAP，B系列，第十七卷，第481-3頁。
7. FRUS, 1931年，第一卷，第82頁：埃奇向代理國務卿傳達的消息；ADAP，B系列，第十七卷，第502-5頁。
8. FRUS, 1931年，第一卷，第66頁和第83頁。
9. FRUS, 1931年，第一卷，第42-3頁。
10.（Bennett 1962），第170-2頁。
11.（Heyde 1998），第213頁；FRUS, 1931年，第一卷，第83

頁。

12. 引述自（Heyde 1998），第182頁。
13. 例如：（Eichengreen 1992）。另請參閱：（Tooze 2014），第496頁的評論。
14. FRUS, 1931年，第一卷，第83-4頁。另請參閱：（Bennett 1962），第183頁。
15. （Heyde 1998），第217頁。
16. （Heyde 1998），第220-1頁。
17. FRUS, 1931年，第一卷，第132頁；（Bennett 1962），第189-99頁。
18. 胡佛，公開文件，第672頁；（Pünder 1961），第154頁。
19. （Bennett 1962），第176頁。
20. （Bennett 1962），第176頁；胡佛，公開文件，第672-3頁；FRUS, 1931年，第一卷，第160-1頁。
21. 謝弗的日記，一九三一年七月六日；（Pünder 1961），第103頁。
22. （Bennett 1962），第176頁。
23. AdR, Brüning I，第1288-9頁；（Luther 1964），第178頁：一九三一年六月二十六日星期五，德意志帝國銀行損失兩千五百萬RM。一九三一年六月二十七日星期六，損失金額累計達四千五百萬RM。
24. （Luther 1964），第173-4頁；（Born 1967），第90頁。
25. AdR, Brüning I，第1264-8頁和第1281頁。（Priester 1932），第37頁和第43-4頁；（Born 1967），第85頁。謠言起初遭到否認：例如*VZ*，一九三一年七月七日，早報版，第1頁。消息

走漏的源頭為德國銀行。

26. （Bähr及Rudolph 2011），第30頁和第72頁；（Luther 1964），第179頁；AdR, Brüning I，第1295頁。
27. （Maurer, Wengst及Heideking 1980），第733-40頁；AdR, Brüning I，第1292-4頁和第1301-2頁。另請參閱：（Pünder 1961），第154頁；《泰晤士報》，一九三一年七月八日，第14頁；《經濟學人》，一九三一年七月十一日，第61-2頁。
28. （Luther 1964），第184-5頁。
29. （Brüning 1970），第310頁；（Pünder 1961），第157-8頁；（Maurer, Wengst及Heideking 1980），第825-42頁。
30. 謝弗的日記，一九三一年七月十日。
31. （Maurer, Wengst及Heideking 1980），第740-6頁。
32. （Maurer, Wengst及Heideking 1980），第740-6頁。另請參閱：（Pünder 1961），第159頁；（James 1986），第313-14頁；（Pünder 1961），第159頁。
33. 謝弗的日記，一九三一年七月十一日；AdR, Brüning I，第1323-4頁（註腳6）。
34. AdR, Brüning I，第1323-4頁。
35. （Maurer, Wengst及Heideking 1980），第749-50頁；AdR, Brüning I，第1326頁（註腳13）；（Pünder 1961），第159-61頁；（Luther 1964），第188-9頁；（Born 1967），第95-8頁。
36. AdR, Brüning I，第1329頁和第1333頁；（Priester 1932），第60頁。
37. AdR, Brüning I，第1334-7頁；謝弗的日記，一九三一年七

月十二日；FRUS, 1931年，第一卷，第250-1頁；（Born 1967），第86頁、第95頁和第100頁；（Burhop 2011），第22-3頁。

38. AdR, Brüning I，第1334-7頁；（Brüning 1970），第317頁。
39. AdR, Brüning I，第1338-44頁。
40. （Brüning 1970），第317-18頁。另請參閱：謝弗的日記，一九三一年七月十二日，以及（Priester 1932），第70-2頁。
41. 謝弗的日記，一九三一年七月十二日；AdR, Brüning I，第1340頁。
42. AdR, Brüning I，第1341頁；（Schacht 1953），第360-2頁。
43. AdR, Brüning I，第1342頁；（Maurer, Wengst及Heideking 1980），第750-1頁。
44. AdR, Brüning I，第1342頁；謝弗的日記，一九三一年七月十二日。
45. （Priester 1932），第75頁；（Pünder 1961），第161頁；AdR, Brüning I，第1342頁。
46. 《泰晤士報》，一九三一年七月十三日，第12頁；（Luther 1964），第193頁。

第十章：希特勒崛起

1. （Schäffer 2008），第47-8頁；謝弗的日記，一九三一年七月十二日。
2. （Priester 1932），第77頁；（Pünder 1961），第162頁；謝弗的日記，一九三一年七月十三日；（Brüning 1970），第

320頁；（Schäffer 2008），第48頁。

3. AdR, Brüning I，第1348-52頁。
4. AdR, Brüning I，第1352-3頁；謝弗的日記，一九三一年七月十三日。
5. AdR, Brüning I，第1356-66頁；（Accominotti及Eichengreen 2016）；《經濟學人》，一九三一年七月十九日，第102頁。
6. DBFP, 1919-39年，系列二，第二卷，一九三一年，第225頁。
7. （Bähr及Rudolph 2011），第79-110頁；（James 2013），第126-7頁；皇家國際事務研究所，一九三一年度調查，第87頁。
8. （Heyde 1998），第321頁。
9. （Eichengreen 2008），第82頁。
10. （Balderston 1993），第2頁；（Balderston 2002），第79頁；（Ritschl 2013），第131頁；GDP數字：麥迪遜計畫 <http://www.ggdc.net/maddison/maddison-project/home.htm>（2013年版）。有關貨幣貶值問題，請參見：（Straumann 2009）。
11. （Toynbee 1932），第1頁、第59頁和第60頁。
12. （Herbert 2014），第272-3頁。
13. （Evans 2003），第224頁；（Herbert 2014），第280-3頁；如欲了解有關希特勒的生平介紹，請參見：（Kershaw 1999）、（Longerich 2015），以及（Ullrich 2016）。
14. 《希特勒：演講、著作、命令》：一九二五年二月至一九三三年一月，第四卷，第二節，第9頁和第35-6頁。該篇採訪刊登於一九三一年七月十五日巴黎的《紐約先驅報》（*New York*

Herald）。

15.《希特勒：演講、著作、命令》：一九二五年二月至一九三三年一月，第四卷，第二節，第13頁和第43-4頁。（《人民觀察家報》［*Völkischer Beobachter*］，一九三一年八月一日）。

16.《國際事務調查》，一九三一年，第322頁。

17.《希特勒：演講、著作、命令》：一九二五年二月至一九三三年一月，第四卷，第二節，第46頁和第134-58頁。（《人民觀察家報》，一九三一年八月十六日）。

18.（Fröhlich 2005），第56頁（一九三一年七月十四日）。

後記

1. 引述自（Wandel 1974），第250頁。
2. 〈銀行危機不為人知的歷史〉寫於正值危機期間。餽贈給瓦倫堡的報告書寫於一九三四年。另請參閱：（Wandel 1974），第193-6頁和第291-7頁。
3. （Schäffer 2008），第1頁。
4. 謝弗的日記，一九三一年五月六日。
5. （Wandel 1974），第222頁。

參考文獻

Accominotti, Olivier. 2012. 'London Merchant Banks, the Central European Panic, and the Sterling Crisis of 1931', *The Journal of Economic History*, 72: 1–43.

Accominotti, Olivier, and Barry Eichengreen. 2016. 'The Mother of All Sudden Stops: Capital Flows and Reversals in Europe, 1919–32', *The Economic History Review*, 69: 469–92.

Akten der Reichskanzlei: Die Kabinette Brüning I und II, edited by Tilman Koops, Boppard am Rhein: Boldt, 1982. (Abbreviation: AdR, Brüning)

Akten der Reichskanzlei: Das Kabinett Müller II, edited by Martin Vogt, Boppard am Rhein: Harald Boldt, 1970. (Abbreviation: AdR, Müller)

Akten zur deutschen Auswärtigen Politik, 1918–1945: Aus dem Archiv des deutschen Auswärtigen Amtes. Serie B: 1925–1933. Göttingen: Vandenhoeck & Ruprecht, 1966–83. (Abbreviation: ADAP)

Bachmann, Ursula. 1996. *Reichskasse und öffentlicher Kredit in der Weimarer Republik 1924–1932* (P. Lang: Frankfurt am Main, New York).

Bähr, Johannes, and Bernd Rudolph. 2011. *Finanzkrisen 1931, 2008* (Piper: München).

Balderston, Theo. 1993. *The Origins and Course of the German Economic Crisis: November 1923 to May 1932* (Haude & Spener: Berlin).

Balderston, Theo. 2002. *Economics and Politics in the Weimar Republic* (Cambridge University Press: Cambridge, New York).

Bennett, Edward W. 1962. *Germany and the Diplomacy of the Financial Crisis, 1931* (Harvard University Press: Cambridge, Mass.).

Borchardt, Knut. 1991. *Perspectives on Modern German Economic History and Policy* (Cambridge University Press: Cambridge, New York).

Bordo, Michael, and Harold James. 2015. 'Capital Flows and Domestic and International Order: Trilemmas from Macroeconomics to Political Economy and International Relations', *NBER Working Paper 21017.*

Born, Karl Erich. 1967. *Die deutsche Bankenkrise 1931* (Piper: München).

Bromhead, Alan de, Barry Eichengreen, and Kevin O'Rourke. 2013. 'Political Extremism in the 1920s and 1930s: Do German Lessons Generalize?', *The Journal of Economic History*, 73: 371–406.

Brown, Brendan. 1988. *Monetary Chaos in Europe* (Croom Helm: London, New York).

Brüning, Franziska. 2010. *La France et le chancelier Brüning: imaginaire et politique, 1930–1932* (Éditions universitaires de Dijon: Dijon).

Brüning, Heinrich. 1970. *Memoiren 1918–1934* (Deutsche Verlags-Anstalt: Stuttgart).

Burhop, Carsten. 2011. 'The Historiography of the 1931 Crisis in Germany.' In *Jahrbuch für Wirtschaftsgeschichte/Economic History Yearbook*, 52 (2): 9.

Burke, Bernard V. 1994. *Ambassador Frederic Sackett and the Collapse of the Weimar Republic, 1930–1933: The United States and Hitler's Rise to Power* (Cambridge University Press: Cambridge, New York).

Büttner, Ursula. 2008. *Weimar: die überforderte Republik 1918–1933: Leistung und Versagen in Staat, Gesellschaft, Wirtschaft und Kultur* (Klett-Cotta: Stuttgart).

Crafts, Nicholas, and Peter Fearon. 2010. 'Lessons from the 1930s Great Depression', *Oxford Review of Economic Policy*, 26: 285–317.

Curtius, Julius. 1948. *Sechs Jahre Minister der Deutschen Republik* (C. Winter: Heidelberg).

Curtius, Julius. 1950. *Der Young-Plan; Entstellung und Wahrheit* (F. Mittelbach: Stuttgart).

Documents on British Foreign Policy 1919–1939. 1946–1984. Edited by E. L. Woodward et al., London: Her Majesty's Stationery Office. (Abbreviation: DBFP)

Eichengreen, Barry J. 1992. *Golden Fetters: The Gold Standard and the Great Depression, 1919–1939* (Oxford University Press: New York).

Eichengreen, Barry J. 2008. *Globalizing Capital: A History of the International Monetary System* (Princeton University Press: Princeton).

Eichengreen, Barry J. 2015. *Hall of Mirrors: The Great Depression, the Great Recession, and the Uses—and Misuses—of History* (Oxford University Press: New York).

Enquête-Ausschuss. 1929. *Die Reichsbank* (Mittler: Berlin).

Evans, Richard J. 2003. *The Coming of the Third Reich* (A. Lane: London).

Feinstein, C. H., Peter Temin, and Gianni Toniolo. 1997. *The European Economy between the Wars* (Oxford University Press: Oxford, New York).

Feldman, Gerald D. 1993. *The Great Disorder: Politics, Economics, and Society in the German Inflation, 1914–1924* (Oxford University Press: New York).

Feldman, Gerald D. 1994. 'Jakob Goldschmidt, the History of the Banking Crisis of 1931, and the Problem of Freedom of Manoeuvre in the Weimar Economy', in Christoph Buchheim, Michael Hutter, and Harold James (eds), *Zerrissene Zwischenkriegszeit: Wirtschaftshistorische Beiträge* (Nomos: Baden-Baden).

Ferguson, Thomas, and Peter Temin. 2003. 'Made in Germany: The German Currency Crisis of July 1931', *Research in Economic History*, 21: 1–53.

Ferguson, Thomas, and Peter Temin. 2004. 'Comment on "The German Twin Crisis of 1931"', *The Journal of Economic History*, 64: 872–6.

Fröhlich, Elke (ed.). 2004. *Die Tagebücher von Joseph Goebbels, Teil I: Aufzeichnungen 1923–1941* (K. G. Saur: München).

Fröhlich, Elke (ed.). 2005. *Die Tagebücher von Joseph Goebbels, Teil I: Aufzeichnungen* (K. G. Saur: München).

Fromm, Bella. 1990. *Blood and Banquets: A Berlin Social Diary* (Carol Pub. Group: New York).

Galofré-Vilà, Gregori, Christopher M. Meissner, Martin McKee, and David Stuckler. 2017. 'Austerity and the Rise of the Nazi Party', *NBER Working Paper 24106.*

Gomes, Leonard. 2010. *German Reparations, 1919–1932: A Historical Survey* (Palgrave Macmillan: Basingstoke).

Hantke, M. A. X., and Mark Spoerer. 2010. 'The Imposed Gift of Versailles: The Fiscal Effects of Restricting the Size of Germany's Armed Forces, 1924–9', *The Economic History Review*, 63: 849–64.

Hardach, Gerd. 1976. *Weltmarktorientierung und relative Stagnation: Währungspolitik in Deutschland 1924–1931* (Duncker und Humblot: Berlin).

Herbert, Ulrich. 2014. *Geschichte Deutschlands im 20. Jahrhundert* (C. H. Beck: München).

Hesse, Jan-Otmar, Roman Köster, and Werner Plumpe. 2015. *Die Grosse Depression: Die Weltwirtschaftskrise 1929–1939* (Bundeszentrale für politische Bildung: Bonn).

Heyde, Philipp. 1998. *Das Ende der Reparationen: Deutschland, Frankreich und der Youngplan 1929–1932* (F. Schöningh: Paderborn).

Holtfrerich, Carl-Ludwig. 1986. *The German Inflation 1914–1923: Causes and Effects in International Perspective* (W. de Gruyter: Berlin).

Hömig, Herbert. 2000. *Brüning: Kanzler in der Krise der Republik: Eine Weimarer Biographie* (Schöningh: Paderborn).

Irwin, Douglas A. 2011. *Peddling Protectionism: Smoot–Hawley and the Great Depression* (Princeton University Press: Princeton).

James, Harold. 1984. 'The Causes of the German Banking Crisis of 1931', *The Economic History Review*, 37: 68–87.

James, Harold. 1985. *The Reichsbank and Public Finance in Germany, 1924–1933: A Study of the Politics of Economics during the Great Depression* (F. Knapp: Frankfurt am Main).

James, Harold. 1986. *The German Slump: Politics and Economics, 1924–1936* (Clarendon Press, Oxford University Press: Oxford, New York).

James, Harold. 2009. *The Creation and Destruction of Value: The Globalization Cycle* (Harvard University Press: Cambridge, Mass.).

James, Harold. 2013. 'The 1931 Central European Banking Crisis Revisited', in Hartmut Berghoff, Jürgen Kocka, and Dieter Ziegler (eds), *Business in the Age of Extremes: Essays in Modern German and Austrian Economic History* (Cambridge University Press: Cambridge).

James, Harold. 2014. 'International Capital Movements and the Global Order', in Larry Neal and Jeffrey G. Williamson (eds), *The Cambridge History of Capitalism*, volume 2 (Cambridge University Press: Cambridge).

Johnson, Elizabeth, and Donald Moggridge (eds). 1978. *The Collected Writings of John Maynard Keynes* (Cambridge University Press: Cambridge).

Kershaw, Ian. 1999. *Hitler* (W. W. Norton: New York).

Kershaw, Ian. 2015. *To Hell and back: Europe, 1914–1949* (Viking: New York).

Kindleberger, Charles P. 1973. *The World in Depression, 1929–1939* (Allen Lane: London).

Knipping, Franz. 1987. *Deutschland, Frankreich und das Ende der Locarno-Ära 1928–1931: Studien zur internationalen Politik in der Anfangsphase der Weltwirtschaftskrise* (R. Oldenbourg: München).

Knortz, Heike. 2010. *Wirtschaftsgeschichte der Weimarer Republik: Eine Einführung in Ökonomik und Gesellschaft der ersten Deutschen Republik* (Vandenhoeck & Ruprecht: Göttingen).

Kolb, Eberhard. 2003. *Gustav Stresemann* (C. H. Beck: München).

Kopper, Christopher. 2006. *Hjalmar Schacht: Aufstieg und Fall von Hitlers mächtigstem Bankier* (Hanser: München).

Leith-Ross, Frederick. 1968. *Money Talks: Fifty Years of International Finance. The Autobiography of Sir Frederick Leith-Ross* (Hutchinson: London).

Link, Werner. 1970. *Die amerikanische Stabilisierungspolitik in Deutschland 1921–32* (Droste Verlag: Düsseldorf).

Lohe, Eilert. 1961. *Der Bruch der Grossen Koalition und die Anfänge der Regierung Brüning im Urteil englischer Diplomaten: Eine Untersuchung der britischen Gesandtschaftsberichte über Fragen der deutschen Innen- und Aussenpolitik von der Bildung des Kabinetts Brüning bis zur Begegnung in Chequers, (März 1930—Juni 1931)* (Druck E. Reuter-Gesellschaft: Berlin).

Longerich, Peter. 2015. *Hitler: Biographie* (Siedler: München).

Luther, Hans. 1964. *Vor dem Abgrund, 1930–1933; Reichsbankpräsident in Krisenzeiten* (Propyläen Verlag: Berlin).

Macher, Flora. 2015. 'The Causes of the Austrian Crisis of 1931', *mimeo LSE.*

MacMillan, Margaret. 2001. *Peacemakers: The Paris Conference of 1919 and its Attempt to End War* (J. Murray: London).

McNeil, William C. 1986. *American Money and the Weimar Republic: Economics and Politics on the Eve of the Great Depression* (Columbia University Press: New York).

Marcus, Nathan. 2011. 'Credibility, Confidence and Capital: Austrian Reconstruction and the Collapse of Global Finance: 1921–1931', PhD thesis New York University.

Marks, Sally. 1978. 'The Myths of Reparations', *Central European History*, 11: 231–55.

Maurer, Ilse. 1973. 'Reichsfinanzen und Grosse Koalition: Zur Geschichte des Reichskabinetts Müller (1928–1930)', Originally presented as the author's thesis, Heidelberg.

Maurer, Ilse, Udo Wengst, and Jürgen Heideking (eds). 1980. *Politik und Wirtschaft in der Krise 1930–1932: Quellen zur Ära Brüning* (Droste: Düsseldorf).

Meissner, Otto. 1950. *Staatssekretär unter Ebert, Hindenburg, Hitler: Der Schicksalsweg des deutschen Volkes von 1918–1945, wie ich ihn erlebte* (Hoffmann & Campe: Hamburg).

Menken, Jules. 1931. 'The German Economy and Reparations', *Survey of International Affairs 1930.*

Mertz-Rychner, Claudia (ed.). 1991. *Briefwechsel Hugo von Hofmannsthal, Carl Jacob Burckhardt* (Fischer: Frankfurt).

Monnet, François. 1993. *Refaire la République: André Tardieu, une dérive réactionnaire (1876–1945)* (Fayard: Paris).

Morsey, Rudolf. 1975. *Zur Entstehung, Authentizität und Kritik von Brünings 'Memoiren 1918–1934'* (Westdeutscher Verlag: Opladen).

Moulton, Harold G., and Leo Pasvolsky. 1932. *War Debts and World Prosperity* (The Brookings Institution: New York).

Mouré, Kenneth. 1991. *Managing the Franc Poincaré: Economic Understanding and Political Constraint in French Monetary Policy, 1928–1936* (Cambridge University Press: Cambridge, New York).

Papers relating to the Foreign Relations of the United States 1930–1934, Washington, DC: United States Government Printing Office, 1945–51. (Abbreviation: FRUS)

Partnoy, Frank. 2009. *The Match King: Ivar Kreuger, the Financial Genius behind a Century of Wall Street Scandals* (PublicAffairs: New York).

Patch, William L. 1998. *Heinrich Brüning and the Dissolution of the Weimar Republic* (Cambridge University Press: Cambridge, New York).

Polanyi, Karl. 1944. *The Great Transformation* (Farrar & Rinehart: New York).

Ponticelli, Jacopo, and Hans-Joachim Voth. 2012. 'Austerity and Anarchy: Budget Cuts and Social Unrest in Europe, 1919–2009', *CEPR discussion paper*.

Priester, Hans Erich. 1932. *Das geheimnis des 13. juli* (Georg Stilke: Berlin).

Pünder, Hermann. 1961. *Politik in der Reichskanzlei: Aufzeichnungen aus den Jahren 1929–1932* (Deutsche Verlags-Anstalt: Stuttgart).

Pyta, Wolfram. 2007. *Hindenburg: Herrschaft zwischen Hohenzollern und Hitler* (Siedler: München).

Rappleye, Charles. 2016. *Herbert Hoover in the White House: The Ordeal of the Presidency* (Simon & Schuster: New York).

Ritschl, Albrecht. 2002. *Deutschlands Krise und Konjunktur 1924–1934: Binnenkonjunktur, Auslandsverschuldung und Reparationsproblem zwischen Dawes-Plan und Transfersperre* (Akademie Verlag: Berlin).

Ritschl, Albrecht. 2013. 'Reparations, Deficits, and Debt Default: The Great Depression in Germany', in Nicholas Crafts and Peter Fearon (eds), *The Great Depression of the 1930s: Lessons for Today* (Oxford University Press: Oxford).

Ritschl, Albrecht, and Samad Sarferaz. 2014. 'Currency versus Banking in the Financial Crisis of 1931', *International Economic Review*, 55: 349–73.

Rödder, Andreas. 1996. *Stresemanns Erbe: Julius Curtius und die deutsche Aussenpolitik, 1929–1931* (Ferdinand Schöningh: Paderborn).

Rodrik, Dani. 2011. *The Globalization Paradox: Democracy and the Future of the World Economy* (W. W. Norton & Company: New York).

Schacht, Hjalmar Horace Greeley. 1953. *76 Jahre meines Lebens* (Kindler und Schiermeyer: Bad Wörishofen).

Schäffer, Hans. 1967. *Carl Melchior: Ein Buch des Gedenkens und der Freundschaft* (J. C. B. Mohr (Paul Siebeck): Tübingen).

Schäffer, Hans. 2008. *Marcus Wallenberg und die Deutsche Bankenkrise 1931* (Verlag Edmund Steinschulte: Wiesbaden).

Schmidt, Paul. 1949. *Statist auf diplomatischer Bühne, 1923–45* (Athenäum-Verlag: Bonn).

Schnabel, Isabel. 2004a. 'The German Twin Crisis of 1931', *The Journal of Economic History*, 64: 822–71.

Schnabel, Isabel. 2004b. 'Reply to Thomas Ferguson and Peter Temin's "Comment on 'The German Twin Crisis of 1931'"', *The Journal of Economic History*, 64: 877–8.

Schubert, Aurel. 1991. *The Credit-Anstalt Crisis of 1931* (Cambridge University Press: Cambridge, New York).

Schuker, Stephen A. 1988. *American 'Reparations' to Germany, 1919–33: Implications for the Third-World Debt Crisis* (International Finance Section, Dept. of Economics, Princeton University: Princeton).

Schulz, Gerhard. 1992. *Zwischen Demokratie und Diktatur: Verfassungspolitik und Reichsreform in der Weimarer Republik* (W. de Gruyter: Berlin, New York).

Schwerin-Krosigk, Lutz. 1951. *Es geschah in Deutschland; Menschenbilder unseres Jahrhunderts* (Rainer Wunderlich Verlag: Tübingen).

Schwerin von Krosigk, Lutz. 1974. *Staatsbankrott: Die Geschichte der Finanzpolitik des Deutschen Reiches von 1920 bis 1945* (Musterschmidt: Göttingen).

Shamir, Haim. 1989. *Economic Crisis and French Foreign Policy, 1930–1936* (E. J. Brill: Leiden, New York).

Somary, Felix. 1931. 'The American and European Economic Depressions and their Political Consequences', *International Affairs*, 10: 160–76.

Somary, Felix. 1932. *Ursachen der Krise* (J. C. B Mohr (Paul Siebeck): Tübingen).

Somary, Felix. 1986. *The Raven of Zürich: The Memoirs of Felix Somary* (C. Hurst & Co., St Martin's Press: London, New York).

Somary, Wolfgang. 1994. 'Vorwort', in Felix Somary (ed.), *Erinnerungen eines politischen Meteorologen* (Matthes & Seitz: München).

Straumann, Tobias. 2009. 'Rule rather than Exception: Brüning's Fear of Devaluation in Comparative Perspective', *Journal of Contemporary History*, 44: 603–17.

Straumann, Tobias. 2013. 'Einführung', in Wolfgang Somary (ed.), *Felix Somary: Erinnerungen an mein Leben* (Verlag Neue Zürcher Zeitung: Zurich).

Straumann, Tobias, Peter Kugler, and Florian Weber. 2017. 'How the German Crisis of 1931 Swept across Europe: A Comparative View from Stockholm', *The Economic History Review*, 70: 224–47.

Tabouis, Geneviève. 1958. *Vingt ans de suspense diplomatique* (Albin Michel: Paris).

Temin, Peter, and David Vines. 2013. *The Leaderless Economy: Why the World Economic System Fell apart and How to Fix it* (Princeton University Press: Princeton).

Toniolo, Gianni. 2005. *Central Bank Cooperation at the Bank for International Settlements, 1930–1973* (Cambridge University Press: Cambridge, New York).

Tooze, J. Adam. 2014. *The Deluge: The Great War, America and the Remaking of the Global Order, 1916–1931* (Viking Adult: New York).

Toynbee, Arnold. 1932. 'Part I. The World Crisis: (i) Annus Terribilis 1931', in Royal Institute of International Affairs (ed.), *Survey of International Affairs 1931* (Oxford University Press: London), 1–161.

Treviranus, Gottfried Reinhold. 1968. *Das Ende von Weimar: Heinrich Brüning und seine Zeit* (Econ-Verlag: Düsseldorf).

Ullrich, Volker. 2016. *Hitler: Ascent, 1889–1939* (Alfred A. Knopf: New York).

Unger, Gérard. 2005. *Aristide Briand* (Fayard: Paris).

Voth, Hans-Joachim. 2003. 'With a Bang, Not a Whimper: Pricking Germany's: Stockmarket Bubble in 1927 and the Slide into Depression', *Journal of Economic History*, 63: 65–99.

Wala, Michael. 2001. *Weimar und Amerika: Botschafter Friedrich von Prittwitz und Gaffron und die deutsch-amerikanischen Beziehungen von 1927 bis 1933* (F. Steiner: Stuttgart).

Wandel, Eckhard. 1974. *Hans Schäffer: Steuermann in wirtschaftlichen und politischen Krisen* (Deutsche Verlags-Anstalt: Stuttgart).

Wehler, Hans-Ulrich. 2003. *Vom Beginn des Ersten Weltkriegs bis zur Gründung der beiden deutschen Staaten, 1914–1949* (C. H. Beck: München).

Wicker, Elmus. 1996. *The Banking Panics of the Great Depression* (Cambridge University Press: Cambridge, New York).

Winkler, Heinrich August. 2000. *Der Lange Weg nach Westen* (Beck: München).

Wolf, Nikolaus. 2010. 'Europe's Great Depression: Coordination Failure after the First World War', *Oxford Review of Economic Policy*, 26: 339–69.

Zweig, Stefan. 2013. *The World of Yesterday* (University of Nebraska Press: Lincoln, Nebr.).

圖片出處

地圖

1. 依據總部設立於德國亞琛的Bergmoser & Höller出版集團所提供的數位圖片資訊繪製而成。
2. 依據總部設立於德國亞琛的Bergmoser & Höller出版集團所提供的數位圖片資訊繪製而成。

圖示

1.1 Moulton及Pasvolsky（1932）。

1.2 Schuker（1988），第44-5頁。

3.1 美國國家經濟研究局（NBER, National Bureau of Economic Research）宏觀歷史（<http://www.nber.org/databases/macrohistory/contents/chapter11.html>）。

5.1 James（1985），第359-60頁。

6.1 美國國家經濟研究局（NBER, National Bureau of Economic Research）宏觀歷史（<http://www.nber.org/databases/macrohistory/contents/chapter01.html>）。

7.1 Balderston（1993），第5頁。

9.1 James（1985），第359-61頁。

附圖

1. 菲利克斯・索馬利。居住在瑞士邁倫（Meilen）的沃爾夫岡・索馬利（Wolfgang Somary）提供的家庭檔案。
2. 戴維・洛／單人聯合傳播公司（Solo Syndication）。
3. 7.27（2）PEO 3. 國際清算銀行。BISA。
4. 阿里斯蒂德・白里安、安德烈・塔迪厄、亨利・雪隆在一九三〇年的海牙大會。法國國家圖書館（Bibliothèque nationale de France）。
5. 國際清算銀行。BISA。
6. 德國聯邦檔案館（Bundesarchiv），海報系列。
7. 德國聯邦檔案館，海報系列。
8. 德國聯邦檔案館，海報系列。
9. 德國聯邦檔案館，海報系列。
10. 利奧貝克研究所（Leo Baeck Institute），紐約。
11. 肯塔基州參議員弗雷德里克・薩克特，一九二四年十一月十二日。照片取自美國國會圖書館（Library of Congress）。
12. 德國聯邦檔案館，科布倫茲。
13. 貝恩新聞服務社（Bain News Service），拉姆齊・麥當勞。照片取自美國國會圖書館。
14. 赫伯特・胡佛。照片取自美國國會圖書館。
15. 烏爾斯坦圖片數據庫（Ullstein bild Dtl）／蓋帝圖像（Getty）。
16. 德國聯邦檔案館，科布倫茲。

Note

1931：債務、危機與希特勒的崛起/托比亞斯.史卓曼(Tobias Straumann)作；石一久譯. --
初版. -- 新北市：世潮出版有限公司, 2025.04
面；　公分. -- (閱讀世界；38)
譯自：1931 : debt, crisis, and the rise of Hitler.
ISBN 978-986-259-112-3(平裝)

1.CST: 希特勒(Hitler, Adolf, 1889-1945)
2.CST: 經濟危機 3.CST: 政黨政治 4.CST: 德國史

743.255　　114000964

閱讀世界38

1931：債務、危機與希特勒的崛起

作　　者／托比亞斯．史卓曼（Tobias Straumann）
譯　　者／石一久
編　　輯／陳怡君
封面設計／Wang Chun-Rou
出 版 者／世潮出版有限公司
地　　址／(231)新北市新店區民生路19號5樓
電　　話／(02)2218-3277
傳　　真／(02)2218-3239（訂書專線）
劃撥帳號／17528093
戶　　名／世潮出版有限公司
單次郵購總金額未滿500元（含），請加80元掛號費
世茂網站／www.coolbooks.com.tw
排版製版／辰皓國際出版製作有限公司
印　　刷／世和彩色印刷股份有限公司
初版一刷／2025年4月

ＩＳＢＮ／978-986-259-112-3
ＥＩSBN／9789862591109（PDF）9789862591116（EPUB）
定　　價／450元